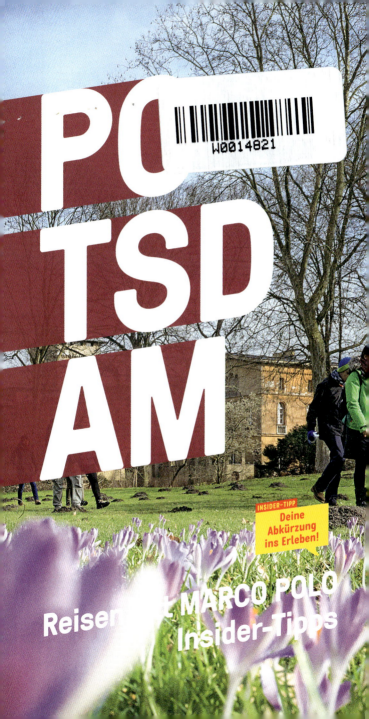

POTSDAM

INSIDER-TIPP
Deine Abkürzung ins Erleben!

Reisen mit MARCO POLO Insider-Tipps

MARCO POLO TOP-HIGHLIGHTS

SCHLOSS SANSSOUCI 1

Der Traum vom sorglosen Leben wurde für Friedrich den Großen mit dem Lustschloss im Rokokostil Wirklichkeit.

📷 *Tipp: Das Schloss geht wie die Sonne auf, wenn du beim Aufstieg auf einer Terrassenstufe in die Hocke gehst.*

➤ S. 42

FILMPARK BABELSBERG 2

Kulissentour, Stunt-Show und Einblick ins Filmgeschäft bietet der Themen-Freizeitpark am Drehort von UFA und DEFA in Babelsberg.

➤ S. 56

HOLLÄNDISCHES VIERTEL 3

Klein-Amsterdam in Potsdam – hier fühlt man sich wie in Holland.

➤ S. 40

HANS-OTTO-THEATER 4

Theater in industriell-kultureller Umgebung mit Seeblick.

📷 *Tipp: Stativ dabei? Dann halte bei der tollen Beleuchtung am Abend drauf.*

➤ S. 94

CAFÉ GUAM 5

Erste Adresse für Freunde aller Sorten Käsekuchen im Holländischen Viertel.

📷 *Tipp: Auf Augenhöhe zu deinem Kuchenstück: Der Foodporn-Alarm ist dir sicher.*

➤ S. 68

NEUES PALAIS ⭐
Mit dem pompösen Prachtbau voller Gästezimmer wollte Friedrich der Große ganz Europa beeindrucken.

➤ S. 47

MUSEUM BARBERINI ⭐
Die Kunstsammlung Hasso Plattners sowie Highlights als Leihgaben im rekonstruierten römischen Palais.

➤ S. 34

WASCHHAUS ⭐
Konzerte, Comedy und Lesungen, wo früher die Wäsche für die Garnison geschrubbt wurde.

➤ S. 93

RUSSISCHE KOLONIE ALEXANDROWKA ⭐
Holzhaussiedlung zwischen Obstbäumen, als neues Zuhause für einen russischen Chor gebaut (Foto).
📷 *Tipp: Zoom die tollen Schnitzereien an den Giebeln der Holzhäuser heran.*

➤ S. 54

POTSDAMER SCHLÖSSERNACHT ⭐
Kunst, Literatur, Musik und schöne Beleuchtung an zwei Sommerabenden im Park von Sanssouci.
📷 *Tipp: Zum Abschlussfeuerwerk gilt es, wahlweise Sanssouci oder das Neue Palais mit vor der Linse zu haben.*

➤ S. 101

INHALT

**BESSER PLANEN
MEHR ERLEBEN!**

**Digitale Extras
go.marcopolo.de/app/pot**

⏱	Besuch planen	☂	Bei Regen
€–€€€	Preiskategorien		Low Budget
(*)	Kostenpflichtige Telefonnummer		Mit Kindern
		⚑	Typisch

(▯ A2) Herausnehmbare Faltkarte
(0) Außerhalb des Faltkartenausschnitts

INHALT

MARCO POLO TOP-HIGHLIGHTS
2   Die 10 besten
          Highlights

DAS BESTE ZUERST
10   ... bei Regen
11   ... Low-Budget
12   ... mit Kindern
13   ... typisch

SO TICKT POTSDAM
16   Entdecke Potsdam
21   Auf einen Blick
22   Potsdam verstehen
25   Klischeekiste

28   SIGHTSEEING
32   Innenstadt
41   Park Sanssouci
50   Nördlich des Zentrums
56   Babelsberg
59   Außerdem sehenswert
60   Ausflüge

64   ESSEN & TRINKEN

76   SHOPPEN & STÖBERN

AKTIV & ENTSPANNT
98   Sport, Spaß & Wellness
100   Feste & Events
102   Schöner schlafen

ERLEBNISTOUREN
108   Potsdam perfekt im Überblick
111   Schlösser und Spione
114   Hier ist Altes (fast) ganz neu
117   Natur trifft Kultur – Radtour
          um den Schwielowsee

GUT ZU WISSEN
120   **DIE BASICS FÜR DEINEN
         STÄDTETRIP**
         *Ankommen, Mobil sein,
         Vor Ort, Notfälle, Wichtige
         Hinweise, Wettertabelle*
126   **POTSDAM-FEELING**
         Bücher, Filme, Musik & Blogs
128   **TRAVEL PURSUIT**
         Das MARCO POLO Urlaubsquiz
129   **REGISTER & IMPRESSUM**
131   **BLOSS NICHT!**
         *Fettnäpfchen und Reinfälle
         vermeiden*

MARCO POLO
DIGITALE EXTRAS

DIGITAL NOCH MEHR ERLEBEN

Schneller in Urlaubslaune kommen.

Perfekt organisiert sein – vor, während und nach dem Urlaub.

Mit der MARCO POLO Touren-App und unseren digitalen Angeboten.

Noch mehr Trendziele, Inspiration und aktuelle Infos findest du auf **marcopolo.de**

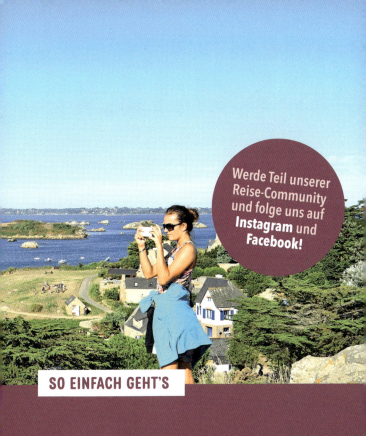

*Werde Teil unserer Reise-Community und folge uns auf **Instagram** und **Facebook!***

SO EINFACH GEHT'S

① Website besuchen

② Die digitale Welt von MARCO POLO entdecken

③ App runterladen und ab in den Urlaub

Alle Infos zum digitalen Angebot unter **marcopolo.de/app**

DAS BESTE ZUERST

Altes Rathaus – wo heute das Potsdam Museum weilt

BEST OF
BEI REGEN

SCHÖN, AUCH WENN ES REGNET

IN FREMDE WELTEN VERSINKEN
Ein gutes Buch, frisch geschäumter Latte Macchiato und ein Croissant machen doch erst bei Regen richtig Freude. In der Buchhandel-Café-Kombination *Viktoriagarten* in der hippen Brandenburger Vorstadt kannst du sowohl stöbern als auch genießen.
➤ S. 80

SCHAUERSCHUTZ IM SCHLOSSPARK
Die Park- und Schlösserlandschaft lässt sich auch digital erkunden. Im Besucherzentrum am *Neuen Palais* stehen dafür eine Wissenskammer mit interaktivem Parkmodell, ein Film über die Welt der Hohenzollern, der Museumsshop und ein Café bereit.
➤ S. 47

IN HOLLÄNDISCHE STUBEN SPÄHEN
Wie gemütlich ist eigentlich eine im Stil des 18. Jhs. eingerichtete gute Stube? Das lässt sich bei schlechtem Wetter erproben. Das *Jan-Bouman-Haus* im Holländischen Viertel informiert mit historischer Einrichtung über das Alltagsleben im Quartier.
➤ S. 40

KURZTRIP IN DIE TROPEN
Du fühlst dich grau und durchgefroren? Dann auf zur *Biosphäre Potsdam* und nichts wie rein ins Schmetterlingshaus! Bei angenehmen 23 bis 28 Grad und dem Anblick exotischer Falter geht auch innerlich die Sonne auf (Foto).
➤ S. 54

LOSLASSEN UND WEIT WEG TRÄUMEN
Zunächst wie schwerelos im 35 Grad warmen Salzwasser schweben. Dann bei einer Massage den letzten Stress aus dem Körper kneten lassen. Im *Float Point* geht's.
➤ S. 98

BEST OF
LOW-BUDGET
FÜR DEN KLEINEN GELDBEUTEL

KÖNIGLICHER MENGENRABATT
Dass so viele Schlösser kostspielig sind, wussten schon Preußens Herrscher (und ihre Steuerzahler!). Für 19 Euro kannst du mit dem *Ticket Sanssouci+* fast alles an einem Tag besuchen, das in den königlichen Parks steht. Fürs Schloss Sanssouci und das Neue Palais gelten feste Einlasszeiten. Marmorpalais, Cecilienhof & Co. besuchst du nach deinem eigenen Zeitplan.
➤ S. 41

NICHT AM NASCHEN SPAREN
Hüftgold muss nicht teuer sein. Aus dem *Katjes-Werksverkauf* lassen sich Bonbons, Fruchtgummis und Schokokugeln in Großfamilien-Portionen nach Hause schleppen.
➤ S. 81

LECKER LUNCHEN, WEIT GUCKEN
Das Preis-Leistungs-Verhältnis der *Kantine im Brandenburger Landtag* ist top: günstiges Essen, unbezahlbare Aussicht von der Dachterrasse, und das im Nachbau des Stadtschlosses (Foto).
➤ S. 69

SCHAUSTELLE KIRCHNEUBAU
Kostet nichts, ist aber reich an interessanten Informationen: Immer wieder mittwochs um 14 Uhr informiert eine Baustellenführung über Geschichte und Wiederaufbau der *Garnisonkirche*.
➤ S. 38

ÖFFENTLICHER TOURISTEN-NAHVERKEHR (ÖTNV)
Einmal einsteigen und alle wichtigen Sehenswürdigkeiten durchs Busfenster sehen? Die touristischen Linien der Potsdamer Verkehrsbetriebe wollen nur 2,20 Euro pro Einzelfahrschein dafür. Die Routenbeschreibungen mit weiteren Infos gibt es als PDF kostenlos unter: *vip-potsdam.de*

BEST OF
MIT KINDERN

SPANNENDES FÜR GROSS & KLEIN

FILM AB!
Bei einem Wiedersehen mit Michel aus Lönneberga haben Kinder wie Eltern Spaß. Das *Filmmuseum Potsdam* bringt Kinderfilmklassiker und das Beste von heute auf die große Leinwand.
➤ S. 37

KLEINE LIEBHABER GROSSER KUNST
Mein Lieblingsbild! Jeden ersten Samstag im Monat führen junge Guides andere Kinder durchs *Museum Barberini*. Kinderworkshops sowie Führungen für junge Eltern mit Babys gibt es auch.
➤ S. 34

REIN IN DIE RAKETE
Tim träumt davon, zum Mond zu fliegen – und ist mit diesem Wunsch nicht allein. Zum Glück ist dafür keine Astronautenausbildung nötig. Ein Besuch im *Urania-Planetarium* tut es fürs Erste auch. „Das kleine 1x1 der Sterne" heißt die Show, die alle Besucher ab fünf Jahren mitnimmt zum Mond und weit darüber hinaus. Angebote für andere Altersklassen gibt es auch.
➤ S. 40

BEDACHT SPIELEN
Rutschen, Klettern, Hopsen, Toben, und das auch bei Wind und Schneegestöber: Im Indoorspielplatz *Dino-Dschungel* ist bis zum Mitbringen von Picknick alles erlaubt, was Kindern Freude macht.
➤ S. 60

RÄTSELN UNTER PFAUEN
Per Karte geführt vom alten Glasmacher Johann Kunckel macht der Besuch der *Pfaueninsel* doppelt Spaß. Auf der Tour werden Schlosswände abgeklopft und erklärt, wie das Wasser in den Springbrunnen kommt.
➤ S. 62

BEST OF
TYPISCH

DAS ERLEBST DU NUR HIER

WIE EIN FILMSTAR
Krasse Wunde, und hat gar nicht weh getan! Die Maskenbildner im Atelier der Traumwerker im *Filmpark Babelsberg* beherrschen ihr Handwerk. Es selbst auszuprobieren ist nur ein winziger Teil des Blicks hinter die Kulissen, den der Freizeitpark Interessierten bietet.
➤ S. 56

FUTTERN WIE BEI MUTTERN
Wiener Schnitzel mit Marzipan-Schokotorte zu kombinieren, das ist genau Potsdams Ding. Das Traditionshaus *Café Heider* hat beides im Angebot. Als Lektüre dazu informiert „Damals im Café Heider" von Martin Ahrends über die Geschichte des Ladens als Szenetreffpunkt in der DDR.
➤ S. 72

DEN BLICK SCHWEIFEN LASSEN
Hochklettern, um runterzuschauen – der *Belvedere auf dem Mühlenberg* ist ausnahmsweise nicht von Königen angelegt, sondern eine natürliche Erhöhung mit Blick auf Nikolaikirche, Mercure Hotel – und was im Zentrum rechts und links so alles daneben passt.
➤ S. 44

AB IN DIE SEENLANDSCHAFT
Überall Seen? Spring rein! Z. B. im *Waldbad Templin* am Templiner See. Die Wasserqualität ist hervorragend, und dazu ist der Spaß mit 4 Euro erschwinglich (Foto).
➤ S. 119

ALLTAG IM WELTERBE
Für die einen ist Potsdam als Unesco-Weltkulturerbe ein großes Outdoormuseum, für die anderen Zuhause und Heimatstadt. Daher wird im Neuen Palais studiert, um Sanssouci gejoggt und mit Blick aufs Marmorpalais gebadet. Die Geschichte lebt (und wird belebt)!

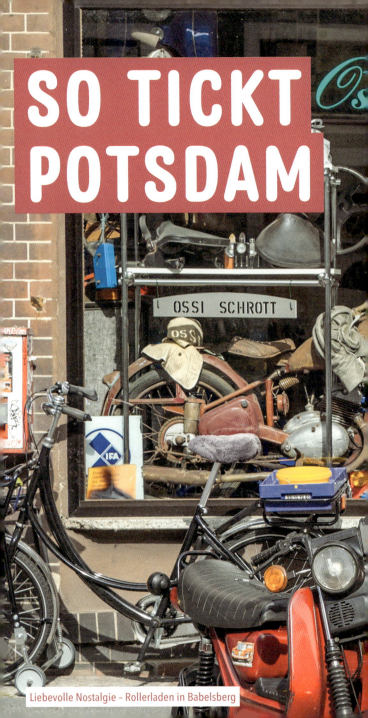

SO TICKT POTSDAM

Liebevolle Nostalgie – Rollerladen in Babelsberg

ENTDECKE POTSDAM

Haus am Tiefen See: Die Schiffbauergasse präsentiert Kultur nah an der Natur

Nein! Vergiss es. Auch wenn du meinst, vom Berlin-Urlaub nur einen Tag für Potsdam abzwacken zu können, das wird der Stadt nicht gerecht, die schon Friedrich der Große dem Nachbarn Berlin an der Spree vorzog. Ein Wochenende darf es mindestens sein. Es lohnt sich, versprochen.

EINE AUFGERÄUMTE STADT

Andere Städte sind betongrau. Potsdam, Brandenburgs Hauptstadt, hingegen ist grasgrün und wasserblau. Dieses Erscheinungsbild ist eine Folge der Eiszeiten, die ihre Gletscher über die Landschaft schoben und dabei ein Seenreich hinterließen. So wirkt Potsdam eher wie ein Naherholungsgebiet und weniger wie eine Landeshauptstadt. Den Eindruck verstärkt die ungemeine Aufgeräumtheit der Stadt – die Rasenkanten scheinen mit der Nagelschere geschnitten zu sein, Graffi-

993	1685	1713	1733-42	1740	1745-47	1911
Erste urkundliche Erwähnung	Protestantische Hugenotten siedeln in Brandenburg	Ausbau zur Garnisonstadt unter Friedrich Wilhelm I.	Bau des Holländischen Viertels	Friedrich II. wird preußischer König	Bau von Schloss Sanssouci	Filmstudios Babelsberg werden gegründet

SO TICKT POTSDAM

ti sucht man vergebens. Seit dem Fall der Mauer ist sehr viel öffentliches und privates Geld in Sanierung und Wiederaufbau geflossen. Was bis heute nach verfallener Ruine aussieht, heißt Ruinenberg und wurde auf Wunsch eines Hohenzollern so aufgestellt, um antikes Flair in die Stadt zu holen.

LANGE KERLS AUS AFRIKA

Das preußische Königshaus der Hohenzollern hat Potsdam überhaupt erst zur Stadt gemacht. Erwähnt wurde die Siedlung an einem Havelübergang zwar schon 993. Richtig rund ging es aber erst Mitte des 17. Jhs., als die Wahl des Großen Kurfürsten Friedrich Wilhelm für eine Residenz neben Berlin auf Potsdam fiel. Sein Enkel Friedrich Wilhelm I. setzte noch einen drauf und ließ Potsdam zur Garnisonstadt ausbauen. Der Mann trug den Beinamen Soldatenkönig zu Recht. Besondere Freude hatte er an seiner Leibgarde, den Langen Kerls. Mindestens 1,90 Meter mussten die Soldaten messen – gar nicht einfach zu finden zu der Zeit. Sogar aus Afrika wurden Männer angeworben oder verschleppt. Kein Wunder, dass damals die Stadtmauer entstand, von der heute mit dem Brandenburger, dem Nauener und dem Jägertor noch drei Stadttore erhalten sind. Anders als üblich diente sie weniger der Abwehr von Feinden als vielmehr der Abschreckung zwangsrekrutierter Truppen vorm Desertieren.

DER GROSSE FRIEDRICH

Eine Generation später prägte Friedrich der Große die Stadt. Er liebte Musik und seine Hunde und sprach angeblich besser Französisch als Deutsch, gerne auch

14./15.04.1945 Bombenangriff zerstört große Teile der Innenstadt

17.07.–02.08.1945 Potsdamer Konferenz der alliierten Siegermächte

10.11.1989 Öffnung der Glienicker Brücke

1990 Schlösser und Parks werden Unesco-Weltkulturerbe

2014 Rekonstruiertes Stadtschloss eröffnet als Brandenburger Landtag

2017–2022 Wiederaufbau der Garnisonkirche

mit dem Philosophen Voltaire. Doch seinen Beinamen verdiente sich Fritz, indem er Preußen durch Kriege einige neue Gebiete verschaffte. Zu Hause in Potsdam wurde der Aufstieg seines Landes sowie sein Kulturinteresse mit großartigen Neubauten gefeiert. Georg Wenzeslaus von Knobelsdorff errichtete ihm am Gipfel künstlich angelegter Weinbergterrassen das hübsche Rokokoschlösschen Sanssouci, was „ohne Sorge" bedeutet. Die Skizzen dafür lieferte der künstlerisch ambitionierte Herrscher selbst.

NATIONALE VIELFALT

Für seine Nachkommen setzte Friedrich mit dieser Anpassung der Stadt an den persönlichen Geschmack den Trend. In den folgenden Jahrhunderten ließen Preußens Könige Potsdam immer wieder dem neuesten Architekturschrei gemäß ergänzen und umbauen. Barock? Neuer Markt! Klassizismus? Marmorpalais! Englischer Landhausstil? Schloss Cecilienhof! Einflüsse aus aller Herren Länder wurden dabei ebenso gerne genommen wie deren Bewohner. Der Alte Fritz meinte es ernst, als er davon sprach, dass in seinem Land jeder nach seiner Fasson selig werden solle. Protestantische Hugenotten belebten das vom Dreißigjährigen Krieg ausgeblutete Land und brachten französische Begriffe wie Kinkerlitzchen (von „quincailleries": wertlose Kleinigkeiten) mit. Holländer bekamen ihr eigenes Viertel und legten den sumpfigen Untergrund trocken. Kulturell vielfältig geht es immer noch zu. Aktuell leben Menschen aus fast 150 Nationen in der Stadt. Infolge dieser Offenheit hat Potsdam alles zu bieten, was in den vergangenen Jahrhunderten in Europa architektonisch und kulturell jemals in war. Zumindest, wenn es aus der Zeit vor 1945 stammt.

IST DAS KÖNIGSARCHITEKTUR ODER KANN DAS WEG?

Kurz vor Ende des Zweiten Weltkriegs legten Bombergeschwader der britischen Royal Air Force große Teile des Zentrums in Schutt und Asche. Bis heute werden bei Bauarbeiten immer wieder Blindgänger von diesem Großangriff ausgegraben. Auch wenn bis 1989 große bauliche Lücken blieben – ihren Beitrag zum Stadtbild hat die DDR durchaus geleistet. Seit dem Mauerfall werden diese Zeugnisse jedoch nach und nach zugunsten des Wiederaufbaus historischer Gebäude aus königlichen Zeiten beseitigt. Diesen Blick zurück nach vorne finden nicht alle Potsdamer dufte. Schließlich gehören der Sozialismus und die Zeit als Verwaltungssitz des Bezirks Potsdam auch zur Geschichte der Stadt. Warum sollte man diese Spuren tilgen? Doch mit Fernsehmoderator Günther Jauch und Software-Milliardär Hasso Plattner hat sich der Neu-Potsdamer Geldadel öffentlichkeitswirksam auch mit eigenem Geld zum Team „historischer Rekonstruktivismus" geschlagen. Das wird nun durchgezogen. Die Unesco hat 1990 schließlich nicht das 1974 am Alten Markt von Margot Honecker eröffnete und 2017 wieder abgerissene Institut für Lehrerbildung (in späteren Jahren als Fachhochschule genutzt) zum Weltkulturerbe ernannt, sondern die Schlösser und

SO TICKT POTSDAM

Filmpark Babelsberg – die Mutlosen bleiben lieber zu Hause

Parks diverser Generationen von Hohenzollern. Wer Lust hat, die sonst so preußisch-kontrollierten Potsdamer einmal emotional zu erleben, spreche sie auf diese Grundsatzfrage an. Doch die neuere Geschichte ist nicht wegzureden und wird erhalten. Im Schloss Cecilienhof kann man sich den Originaltisch ansehen, an dem nach Ende des Zweiten Weltkriegs Josef Stalin, Winston Churchill und Harry S. Truman über die Zukunft Deutschlands entschieden. Das Militärstädtchen Nr. 7, das sich der sowjetische Geheimdienst für seine Arbeit abriegelte, ist zum begehbaren Museum geworden. Und ein Hauch Kalter Krieg weht noch beim Überqueren der Glienicker Brücke, an der West und Ost ihre Agenten austauschten.

SEIT 1911 LAUFEN HIER DIE BILDER VON DER ROLLE

Auch Regisseur Steven Spielberg war schon in Potsdam. Er ließ seinen Hauptdarsteller Tom Hanks bei den Dreharbeiten zum Hollywood-Thriller „Bridge of Spies" 2014 am Originalschauplatz herumturnen. Manche mag so ein Staraufgebot beeindrucken. Potsdamer sind an Filmbetrieb jedoch gewöhnt, und zwar seit 1911. Damals ließ Filmpionier Guido Seeber den Spaten für das erste Studio in den Brandenburger Sandboden stechen. Die erste Klappe fiel im Jahr darauf für den Stummfilm „Totentanz" mit Asta Nielsen, die bald auf der ganzen Welt bekannt war. Von Marlene Dietrich bis Brad Pitt haben seitdem gefühlt alle in den Hallen von Babelsberg sowie im historischen Stadtbild gedreht. Was an Kulissen und Requisiten später nicht mehr gebraucht wurde, lässt sich im Filmmuseum sowie im Filmpark Babelsberg besichtigen. Dieser führt Besucher auch durch die Berliner Straße. Die Außenkulisse ist vielfach verwendbar und hat schon New York und Warschau gemimt. Dauerhaft gedreht wird hier die RTL-Soap „Gute Zeiten, Schlechte Zeiten". Wer die Schauspieler einmal persönlich kennenlernen möchte, hat dazu Gelegenheit. Autogrammstunden werden regelmäßig organisiert. Manchmal ist es im Alltag anstrengend, wenn schon wieder eine Hauptstraße in der Stadt wegen eines Drehs gesperrt ist. Doch die Potsdamer beschweren sich nicht, und das hat nicht nur mit dem heimlichen Stolz auf das deutsche Hollywood zu tun. Die Film- und Fernsehindustrie ist für die Stadt ein wichtiger Wirtschaftsfaktor. Zur Medienstadt Babelsberg gehören neben den Filmstudios das Sendezentrum des Rundfunks Berlin-Brandenburg (rbb), das Deutsche Filmorchester Babelsberg, das Deutsche Rundfunkmuseum, das Deutsche Rundfunkarchiv sowie mehr als 120 kleinere Unternehmen.

INSIDER-TIPP
Star hautnah

WISSENS- UND KULTURSTANDORT POTSDAM

Dass der Industrie der Nachwuchs nicht ausgeht, dafür sorgt die älteste Medienhochschule Deutschlands, 1954 als Deutsche Hochschule für Filmkunst gegründet, heute als Filmuniversität Babelsberg Konrad Wolf bekannt. Hier lernten Andreas Dresen und Bjarne Mädel ihr Handwerk. In Kombination mit vier weiteren Hochschulen und mehr als 40 Forschungseinrichtungen macht sie Potsdam zudem zu einem wichtigen Wissenschaftsstandort. Über 10 000 Wissenschaftler und mehr als 25 000 Studierende konzentrieren sich hier. Letztere wohnen zwar gerne in Berlin und pendeln, die selbst ernannte Studentenstadt sieht darüber aber wohlwollend hinweg. Präsent, und zwar weltweit, sind hingegen die Forscher des Potsdam-Instituts für Klimafolgenforschung, die genau wissen wollen, wie das mit dem Klimawandel läuft. Für ihren Standort, bislang Typ „gemäßigtes Klima der mittleren Breiten", prophezeien sie höhere Temperaturen und weniger Regen. Schlechte Nachrichten für die Rasen- und Rabatten-Beauftragten von Sanssouci. Wandel an sich kann auch eine gute Sache sein – Kulturwandel bringt Innovatives hervor. Das Areal um die Schiffbauergasse zeigt, dass gelebte Kultur auch Jahrhunderte nach Friedrich II. noch großgeschrieben wird in Potsdam. Wo im frühen 19. Jh. mit viel Dreck und Staub verbunden Dampfschiffe gebaut und bis 1990 Gas für die Stadt produziert wurde, hat sich heute Kultur aller Art etabliert. Im Waschhaus gibt es Partys, Comedy und Konzerte, im T-Werk wird getanzt und Theater gespielt, und auch die Potsdamer Institution Hans-Otto-Theater hat ihre Hauptspielstätte im Kunst- und Kulturquartier. Man muss also nicht das große Berlin sein, um alles zu haben, was man zum Wohlfühlen braucht.

SO TICKT POTSDAM

AUF EINEN BLICK

178000
Einwohner

Berlin: 21x größer

149
Nationalitäten
weltweit: 194 von der Uno
anerkannte Nationen

11%
der Fläche sind Wasser

deutscher Durchschnitt: 2,3%

118 km^2
Fläche

Das entspricht 26 330 Fußball-
feldern

**HÖCHSTER PUNKT:
KLEINER RAVENSBERG**

114 m

Der Große Ravens-
berg nebenan ist nur
108 m hoch

**IM HOLLÄNDISCHEN
VIERTEL LEBEN**

800
MENSCHEN.
AMSTERDAM: 1000-
MAL SO VIEL

**BUS- UND
BAHNHALTESTELLEN:**

615
Verteilt auf 350 km
Liniennetz

MEISTBESUCHTE SEHENSWÜRDIGKEIT

Museum Barberini: 525 000 Besucher pro Jahr; Filmpark Babelsberg:
325 000; Schloss Sanssouci: 319 000

25000

Studenten, davon 800 mit Babelsberg-
Ambitionen an der Filmuni Konrad Wolf

416
Autos/1000 Einwohner
(deutscher Durchschnitt:
555); zu den 130 000 Knöll-
chen/Jahr tragen maßgeb-
lich Touristen bei

POTSDAM VERSTEHEN

TOTAL ROYAL

Der Große. Der Alte. Der Mann mit den Kartoffeln (die er als Nahrungsmittel für die hungernde Bevölkerung etablierte), der Mann mit der Flöte (spielte er) und dem Hang zur französischen Philosophie (Voltaire war sein Brieffreund und gern gesehener Gast). Friedrich II. aus der Dynastie der Hohenzollern war neben seinen Jobs als König von Preußen und Kurfürst von Brandenburg auch all das. Mit seinen Ideen von Aufklärung und schöner Architektur prägte er damals Preußen, bis heute Deutschland und erst recht Potsdam, seine Stadt.

PROMIPLANER

Dass die prominentesten Vertreter ihrer Generation maßgeblich mitbestimmen, wie die Stadt aussehen soll, hat in Potsdam Tradition. Trendsetter war im frühen 18. Jh. der Soldatenkönig Friedrich Wilhelm I., der die Stadt massiv vergrößerte, um seine umfangreichen Truppen einzuquartieren. Seinem Sohn Friedrich dem Großen war nach mehr italienischem Flair. Nach seinen Wünschen wurden Sanssouci und der dazugehörige Schlosspark errichtet. Was schon dastand, wie beispielsweise die Nikolaikirche, ließ er kurzerhand mit neuen Fassaden und so mit einer ordentlichen Portion Rokoko verzieren.

Hundert Jahre später saß Friedrich Wilhelm IV. auf dem Thron. Den faszinierte die Antike ebenso wie italienische Renaissance und englische Gartenbaukunst. Das sieht man seiner damals entstandenen Sommerresidenz, dem Schloss Charlottenhof, genauso an wie den Parkanlagen, die er von Peter Joseph Lenné als Godfather of Gartenarchitektur umgestalten ließ. Und heute? Fernsehmoderator Günther Jauch unterstützte 2002 den Wiederaufbau des Fortunaportals am Alten Markt, was als Werbung für die Wiedererrichtung des Stadtschlosses gedacht war. Die erfolgte ein paar Jahre später tatsächlich, allerdings demokratisch legitimiert durch einen Beschluss des Brandenburger Landtags. Seit 2014 residiert dieser in dem Neubau, für den auch Software-Milliardär Hasso Plattner großzügig spendete. Die Rekonstruktion des italienisch anmutenden Palais Barberini schräg gegenüber als Kunstmuseum finanzierte er gleich mit.

UNESCO-PERLEN

Unesco – sechs Buchstaben genügen als Siegel, um Touristen aus aller Welt anzuziehen. 1990 erklärte die Organisation der Vereinten Nationen für Bildung, Wissenschaft und Kultur die Parkanlagen von Sanssouci, Babelsberg, Glienicke sowie den Neuen Garten samt dazugehörigen Schlössern zum Weltkulturerbe. 1992 kamen Schloss und Park Sacrow mit Heilandskirche, 1999 die Russische Kolonie Alexandrowka, das Belvedere auf dem Pfingstberg und der Kaiserbahnhof dazu. Das sind 500 Hektar Parkanla-

SO TICKT POTSDAM

Unescoschutz für die Alexander-Newski-Kirche und viele weitere Bauwerke Potsdams

gen, 150 Gebäude aus einem Zeitraum von 1730 bis 1916 die größte zusammenhängende Welterbestätte Deutschlands. Und ein schönes Druckmittel: Als in den 1990er-Jahren das Bahnhofsviertel neu und für die Unesco zu monströs geplant wurde, drohte man mit dem Entzug des Kulturerbestatus ebenso wie 2019, als es um ein großes Neubaugebiet in der Sichtachse von Schloss Babelsberg ging.

AUSERWÄHLT
In Potsdam ist alles etwas überschaubarer und kleiner. Daraus machen die Bewohner eine Tugend, indem sie den begrenzten Platz umso bedächtiger füllen. Statt Massenware von der Stange verkaufen Boutiquen Kollektionen lokaler Designer. Statt Fabrikkuchen gibt es göttliche Torten aus eigener Produktion. Und das Bier wird natürlich vor Ort gebraut und ist im Fall der Braumanufaktur Templin (s. S. 93) sogar bio. Die Potsdamer Stange – Traditionsbier und eine Empfehlung – wird im Forsthaus Templin und damit im Grünen serviert. Auf Masse dürfen gerne andere setzen. Hier herrschen Stil und Qualität.

INSIDER-TIPP Prost, du Öko!

ABGEDREHT
Wo die Bilder laufen lernten, da ist Potsdam-Babelsberg. 1911 wurde

Freundliches Farbenmeer auf der Freundschaftsinsel

das älteste Großatelierstudio der Welt gegründet, und was seitdem ohne Unterbrechung für UFA und DEFA im Kasten landete, muss keinen Vergleich scheuen: „Metropolis". „Nosferatu". „Die Feuerzangenbowle". „Jakob der Lügner". „Die Legende von Paul und Paula". „Der Vorleser". „Babylon Berlin." Seit Erfindung des Fernsehens produzieren auch die Sender in den Studios. Als größtes Filmstudio Europas ist die Medienstadt für Potsdam wichtiger Wirtschaftsfaktor und zugleich wichtig fürs Renommee. Fast 2000 Menschen arbeiten hier an Spiel-, Trick-, Dokumentar- und Fernsehfilmen sowie als Mitarbeiter des Rundfunks Berlin-Brandenburg (rbb).

Wer Filme liebt, aber nur zu Besuch ist, kann im Filmpark Babelsberg Stuntshows und Requisitenkammern begutachten, sich bei einer Führung zu den Villen der Stars leiten lassen *(über potsdam tourismus.de)* oder im Filmmuseum Hans Albers' Toupet inspizieren. Mit etwas Glück läuft einem dabei ein quicklebendiger Promi bei der Arbeit über den Weg. Denn warum sollte man „Kamera: Läuft!" nur innerhalb der Studiomauern rufen, wenn die wunderschöne Kulisse Potsdam direkt vor der Tür liegt? „Alles, was ich über das Filmemachen wissen musste, habe ich in Babelsberg gelernt", sagte Alfred Hitchcock. 1924/25 drehte er als unbekannter Regieassistent hier seinen ersten Film. Eine Hochschule für alle, die ihm nacheifern wollen, gibt es in der Stadt natürlich auch.

INSIDER-TIPP
Guck mal, wer da wohnt

SO TICKT POTSDAM

EIS-ERBSCHAFT

Alles so schön blau hier! Und damit ist ausnahmsweise mal nicht das Blut der berühmten Vorfahren gemeint, sondern die umfangreiche Seenlandschaft dies- und jenseits der Stadtgrenze, die ihresgleichen sucht. Der Dank dafür gilt den letzten Eiszeiten. Als die Gletscher sich zurückzogen, ließen sie Geröll, also Grund- und Endmoränen zurück. Das Schmelzwasser gab der Landschaft den letzten Schliff.

Heute lässt sich in den entstandenen Tälern 🚩 formidabel baden, etwa im Heiligen See mit direktem Blick aufs Marmorpalais und die Villen von Joop und Jauch. Design-Ass Natur kombiniert die vielen Wasserflächen, zu denen auch die Flüsse Havel und Nuthe sowie der Teltowkanal gehören, mit saftigem Grün.

Neben den royalen Parks von Sanssouci, Babelsberg oder dem Neuen Garten warten die Freundschaftsinsel und der Volkspark auf Besuch. Anders als die Besichtigung der Bauten ist das Spazieren in den Welterbeparks kostenlos – noch. Weil Rasen zu mähen und Hecken zu stutzen ordentlich ins Geld geht, wird immer wieder diskutiert, Eintritt einzuführen. Aktuell unterstützt die Stadt Potsdam die hierfür eigentlich zuständige Stiftung Preußische Schlösser und Gärten finanziell, damit das nicht passiert. Jeder, der mag, kann seinen Teil beitragen und u. a. in Sanssouci an einem Automaten an den Parkeingängen für 2 Euro ein Freiwilligenticket ziehen. Dafür gibt es zum guten Gewissen noch einen Parkplan dazu.

KLISCHEE KISTE

ALLES GEHÖRT GÜNTHER JAUCH

Völlig falsch! Außer, du verwechselst Jauch mit dem SAP-Gründer Hasso Plattner. Kleiner Scherz. Wahr ist: Prominente mit großen Brieftaschen haben die Stadt schon immer geprägt. Im Gegensatz zu Preußens Königen werden Industrielle und Moderatoren heute jedoch von demokratischen Strukturen kontrolliert.

KNOLLE IST KÖNIG

Tatsächlich liegen Kartoffeln auf dem Grab des Alten Fritz in Sanssouci. Er war es schließlich, der das Nationalgericht bei den durch viele Kriege ausgehungerten Deutschen populär machte. Doch heute hat die Potsdamer Küche mehr auf der Pfanne, einiges gar garniert mit Sternen von Michelin.

ÖDE, LEER, GAR NICHTS LOS

„Nimm dir Essen mit. Wir fahren nach Brandenburg", singt Rainald Grebe über das Bundesland, in dem (weiter im Liedtext) im Freibad nur Bisamratten abhängen und Autohauseröffnungen kulturelle Highlights darstellen. Aber Brandenburgs Hauptstadt wächst (Prognose: von 180 000 auf 220 000 Einwohner bis 2035), rockt (Waschhaus-Konzerte!) und gedeiht (Parks, Parks, Parks!).

FERNNAHREISE

Internationale Einflüsse genießen, ohne dafür weit reisen zu müssen? In Potsdam geht das perfekt und sogar zu Fuß. Von den Backsteinbauten des Holländischen Viertels zu den Holzhäusern in der Russischen Kolonie Alexandrowka zum Englischen Landhaus in Form des Schlosses Cecilienhof ist es gar nicht weit. Asien-Affine zieht es zum Chinesischen Teehaus im Park Sanssouci, und eine Portion untergegangener Hochkulturen bieten die kleine Pyramide im Neuen Garten, der Obelisk auf dem Alten Markt sowie die antiken Säulen des Ruinenbergs. Die Hohenzollern schätzten nun mal den belebenden Einfluss exotischer Kulturen auf die eigene. Die nötige Exzentrik, sich auf märkischem Sand alles nachbauen zu lassen, brachten sie ebenfalls mit.

NEUALTBAU

Was tun, nachdem fast die komplette Innenstadt nach dem Zweiten Weltkrieg in Trümmern lag? Die DDR-Führung schob diese zentrale Entscheidung lange vor sich her. Manche Ruinen ließ sie später lieber abräumen, weil ein Stadtschloss im Zentrum ihr nicht in die Ideologie passte. Auch die Garnisonkirche war ihr zu problematisch, schließlich ließ sich Adolf Hitler hier am Grab Friedrichs des Großen vom Reichspräsidenten Paul von Hindenburg mit viel Symbolik 1933 die Macht übertragen. Die Nikolaikirche hingegen wurde wieder aufgebaut, Bauwerke wie die mittlerweile wieder abgerissene Fachhochschule oder das Interhotel (heute Mercure) wurden im sozialistischen Chic ergänzt.

Doch der eine, große Plan für die Gestaltung des Zentrums wurde erst nach dem Fall der Mauer erstellt. Nach erbitterten Debatten einigte man sich darauf, den Zustand vor 1945 möglichst originalgetreu zu rekonstruieren. Was man heute rund um den Alten Markt sieht, wirkt also nur alt. Und was wie die Garnisonkirche gerade dazukommt, ist zwar neu, aber nicht modern. Kritiker meinen, dass hier ein Disneyland entsteht. Andererseits wurde das Ensemble im 18. Jh. auf Wunsch Friedrichs des Großen bereits als eine Art Best-of an Gebäuden errichtet, die dem König in Italien und Frankreich gefallen hatten. Strategisch planen und dabei anderes kopieren: Damit stehen die Politiker heute ganz in Potsdams Tradition.

WEITSICHTIG

Wenn eine Stadt so malerisch wie Potsdam ist und viel zu bieten hat, gehört es auch dazu, Gelegenheit zum Schauen anzubieten. Schöne Aussichten also, im Italienischen „bel vedere" genannt. Das wird im Deutschen dann zum Belvedere, und in Potsdam gibt's einige davon. Da stellt sich die Frage: Welcher darf's sein? Belvedere auf dem Pfingstberg? Klausberg? Mühlenberg? Ein kleiner Anstieg ist immer vonnöten, aber die Aussicht ist es wert. Wer menschlich geschaffene Anhöhen bevorzugt, erklimmt den Flatowturm im Park Babelsberg oder den Normannischen Turm auf dem Ruinenberg.

SO TICKT POTSDAM

Es geht auch klein und fein: Brandenburger Tor Potsdam

BERLIN-KOMPLEX

Das größte Park- und Schlossensemble nördlich der Alpen. Die beeindruckende Kunstsammlung des Museums Barberini. Das Grab Friedrichs des Großen. Der Ort, an dem die deutsche Nachkriegsgeschichte bestimmt wurde und die Entscheidung für den Abwurf der Atombomben auf Japan fiel. Filmstudios, in denen Marlene Dietrich und Alfred Hitchcock ihre Karriere begannen und Quentin Tarantino mit „Inglourious Basterds" einen Film schuf, der mit acht Oscar-Nominierungen glänzte.

Läge Potsdam irgendwo in Westfalen oder hinter Hessisch-Sibirien, wäre die Stadt der größte Touristenmagnet weit und breit. Doch ihr Schicksal ist es, sich direkt an die deutsche Hauptstadt anzuschmiegen, die vieles in den Schatten stellt. Die zahlreichen sorgsam kreierten Sichtachsen Potsdams verweisen alle auf Sehenswürdigkeiten innerhalb der Stadtgrenzen, aber nie nach nebenan. Ein kleiner Berlin-Komplex kann also diagnostiziert werden. Dabei könnten die Potsdamer sich entspannt zurücklehnen: Generationen preußischer Könige wussten genau, warum sie ihren Fokus von der Spree an die Havel verlegten. Außerdem ist das Brandenburger Tor zu Potsdam knapp zwanzig Jahre älter als die billige Nachmache aus Berlin.

SIGHT SEEING

Wie viele historisch bedeutende und architektonisch bemerkenswerte Gebäude passen in eine kleine Großstadt? Wenn diese Disziplin olympisch wäre, hätte Potsdam große Chancen auf den Sieg.

Viele Generationen preußischer Könige wollten ihre Wahlheimat sowohl dem Zeitgeist als auch ihrem persönlichen Geschmack anpassen und ließen bauen, was das Zeug hält. Barock, Rokoko, Klassizismus – alles da! Gespart wurde weder an neuen Schlössern noch an deren Ausstattung und der Anlage von Parks. Schließlich galt es,

Marmorpalais: Hier gibt's Zimmer mit Ausblick

den Aufstieg des eigenen Landes zu einer europäischen Großmacht in Ziegel und Stuck zu manifestieren.

Nach Weltkriegszerstörung und Verfall in der DDR sind die Prunkbauten mittlerweile fast alle rekonstruiert und saniert und werden als Museum, Universität oder Landtag neu genutzt. Bauwerke der jüngeren Geschichte wurden und werden dafür nach und nach aussortiert, abgerissen und ersetzt. So strahlt Potsdam heute wie zu königlichen Zeiten, mit dem Unterschied, dass nun alle Zutritt zu Parks und Schlössern haben. Das gilt es auszunutzen.

MARCO POLO HIGHLIGHTS

★ **NEUES PALAIS**
Barock-Prachtbau, um royale Gäste und ganz Europa zu beeindrucken ➤ S. 47

★ **MUSEUM BARBERINI**
Im rekonstruierten und von Hasso Plattner finanzierten Palazzo nach römischem Vorbild gibt's Kunst-Highlights ➤ S. 34

★ **SCHLOSS SANSSOUCI**
Rückzugsort und Kulturklause Friedrichs des Großen, von ihm selbst skizziert ➤ S. 42

★ **HOLLÄNDISCHES VIERTEL**
Bauten wie in Amsterdam lockten einst holländische Siedler an ➤ S. 40

★ **FILMPARK BABELSBERG**
Kulissenschau, Stunt-Show und 4D-Kino-Erlebnis im Freizeitpark ➤ S. 56

★ **SCHLOSS CECILIENHOF**
Englisches Landhaus-Schloss, in dem 1945 die Siegermächte tagten ➤ S. 52

★ **KUNST- UND KULTURQUARTIER SCHIFFBAUERGASSE**
Theater, Konzerte und Wasseridyll, wo früher Dampfschiffe gebaut wurden ➤ S. 40

★ **RUSSISCHE KOLONIE ALEXANDROWKA**
Holzhäuser zwischen Obstwiesen als Heimat russischer Sängerknaben ➤ S. 54

INNENSTADT

(🗺 F–G 4–6) **Auf königlichen Wunsch nach italienischem Vorbild im 18. und 19. Jh. errichtet. Im Zweiten Weltkrieg zerstört. Nach dem Mauerfall mit prominenter finanzieller Unterstützung rekonstruiert: So lässt sich die Geschichte auffällig vieler Gebäude in Potsdams Zentrum zusammenfassen.**

Im Detail werden solche Pauschalurteile der wunderschönen Architektur und der wechselvollen Geschichte jedoch nicht gerecht. Hier spiegelt sich, was in Deutschland und Europa in den vergangenen Jahrhunderten so los war. An manches aus der jüngeren Vergangenheit mag man sich nicht gerne erinnern. Die Debatte, welche Spuren verschwunden bleiben oder noch beseitigt werden sollen, treibt

nicht nur Potsdamer um. Doch es sind nicht nur die schwierigen Themen, die hinter vielen Fassaden der schmucken Innenstadt warten. Wer sich eher für Film-, Kultur- und Freizeitvergnügen interessiert, wird ebenso mit Attraktionen versorgt. Du solltest dir Potsdam zu Fuß erobern und unbedingt länger als nur einen Tag bleiben.

1 ALTER MARKT

„Brandneuer Markt" wäre für den Platz in Havelnähe ein ebenso guter Name. Auch wenn hier alles historisch aussieht: Das ist rekonstruiert, und in den nächsten Jahren kommt entlang der Friedrich-Ebert-Straße noch einiges hinzu. Alles Wichtige in einem Stadtzentrum – Rathaus, Schloss, Kirche, Wochenmarkt – hatte sich hier schon im Potsdamer Urschleim gruppiert. Das wurde unter Friedrich dem Großen Mitte des 18. Jhs. nach dem Vorbild einer römischen Piazza mit ein bisschen Frankreich und Holland als Inspiration umgemodelt. Im Zweiten Weltkrieg zerstört und danach nur halbherzig saniert, wurde 1990 entschieden, den Wiederaufbau nachzuholen. Überall im Land war man damals auf Beseitigung von DDR-Spuren eingestellt. Der Widerstand dagegen wuchs unter den Potsdamern erst langsam und kam zum Erhalt mancher sozialistischer Architektur zu spät. *Am Alten Markt | Tram 91, 92, 93, 96, 98, 99 | Bus 603, 604, 605, 614, 631, 638, 650, 695 Alter Markt/Landtag | 🗺 G6*

2 STADTSCHLOSS/LANDTAG

„Ceci n'est pas un château", dies ist kein Schloss, hat die Künstlerin Annette

---

WOHIN ZUERST?

Der **Alte Markt** *(🗺 G6)* bringt Potsdam auf den Punkt: ein Schloss (heute Landtag), ein Ort mit guter Aussicht (Kuppel von St. Nikolai), umstrittene DDR-Architektur (Mercure Hotel) und dazu komplett neu gebaute, historische Fassaden (etwa das Museum Barberini). Viele weitere Sehenswürdigkeiten sowie Kaffee, Kuchen und Cocktails sind nur ein paar Gehminuten entfernt. Vom Hauptbahnhof erreicht man den Markt in fünf Minuten zu Fuß. Mit Tram oder Bus ist es eine Station.

SIGHTSEEING

Paul in goldenen Lettern an die Fassade geschrieben, und damit lag sie richtig: Der zumindest an der Außenfassade historisch anmutende Bau am Alten Markt wurde 2011 bis 2014 als Sitz des Brandenburger Landtags neu gebaut. Architektonisches Vorbild war das Stadtschloss, das ab 1666 unter dem Großen Kurfürsten entstand und unter dessen Nachfolgern mit viel Rokoko und Klassizismus ergänzt wurde. Im Krieg zerstört, wurde es danach gesprengt, weil der DDR-Führung das absolutistische Gebäude nicht gefiel. Das Hans-Otto-Theater sollte an diesem Ort eine neue Spielstätte erhalten, doch die Grundsteinlegung fiel mit der Friedlichen Revolution zusammen. 1991 wurde der Rohbau einfach wieder abgerissen.

Stattdessen machten Potsdamer wie Günther Jauch Werbung für die Rekonstruktion des Stadtschlosses. Um Fantasie und Stimmung dafür anzukurbeln, wurde zunächst das *Fortunaportal*, als imposantes Eingangstor zum Schloss wieder aufgebaut. 2005 fand sich eine Mehrheit im Landtag für die Ergänzung des Rests.

INSIDER-TIPP
Architektur-Tour für lau

Noch mehr Details vermitteln kostenlose Führungen *(regelmäßige Termine siehe Website, rechtzeitige Anmeldung wird empfohlen).* Auch Plenarsitzungen können nach Voranmeldung besucht werden. Im Foyer werden zudem stetig wechselnde Ausstellungen zu Brandenburger oder passenden politischen Themen gezeigt. *Innen-*

33

INNENSTADT

Von der Kuppel der Nikolaikirche gibt's einen traumhaften Blick über ganz Potsdam

hof: tgl. 8–20 Uhr, Foyer und Ausstellung: Mo–Fr 8–18 Uhr | Eintritt frei | Alter Markt 1 | landtag.brandenburg. de | Tram 91, 92, 93, 96, 98, 99 | Bus 603, 604, 605, 614, 631, 638, 650, 695 Alter Markt/Landtag | ⏱ *30 Min.* | 🗺 *G6*

3 MUSEUM BARBERINI ★

SAP-Gründer Hasso Plattner ist nicht nur Software-Milliardär, sondern auch Kunstsammler. Was der Wahl-Potsdamer in den vergangenen Jahrzehnten zusammentrug, stellt er im Palais Barberini aus, das mit seinem Geld rekonstruiert wurde, der ursprüngliche Bau wurde 1771/72 dem Palazzo Barberini in Rom nachempfunden. Die Ausstellungen wechseln und werden um Leihgaben aus aller Welt ergänzt. Ein Schwerpunkt, auch in Plattners Sammlung, ist der Impressionismus. Von Ölschinken bis zu moderner Malerei ist aber alles erlaubt. 👨‍👩 Und für kleine Nachwuchskünstler gibt's Extra-Angebote. Perfekte Orientierung und viele Infos bietet die hauseigene Barberini-App. *Mi–Mo 10–19 Uhr | Eintritt 14 Euro, gucken und dabei sparen erlaubt das Evening-Special-Ticket für 10 Euro, gültig für die letzten 2 Std.* | *Humboldtstr. 5–6 | museum-barberini.de | Tram 91, 92, 93, 96, 98, 99 | Bus 603, 604, 605, 614, 631, 638, 650, 695 Alter Markt/Landtag |* ⏱ *2½ Std.* | 🗺 *G6*

INSIDER-TIPP: Kunst-Sprint

SIGHTSEEING

4 ALTES RATHAUS/ POTSDAM MUSEUM

Alles, was man über Potsdams Geschichte seit dem Mittelalter jemals wissen wollte, sammelt und präsentiert das Museum, das engagierte Einwohner Anfang des 20. Jhs. gründeten. Die modern aufgemachte Ausstellung ist nach Themen sortiert und zeigt Exponate vom typischen Outfit der Langen Kerls (der Leibgarde Friedrich Wilhelms I.) bis zu Protestplakaten der DDR-Oppositionellen des Neuen Forums. Allein die fotografische Sammlung umfasst über 100 000 Motive mit Potsdamer Stadtansichten und Alltagsszenen. Das Haus entstand 1755 als Rathaus im Barockstil. *Di/Mi/Fr 10–17, Do 10–19, Sa/So 10–18 Uhr | Eintritt frei, Sonderausstellungen 5 Euro | Am Alten Markt 9 | potsdam-museum.de | Tram 91, 92, 93, 96, 98, 99 | Bus 603, 604, 605, 614, 631, 638, 650, 695 Alter Markt/Landtag |* ⏱ *2 Std. |* ▦ *G6*

5 ST. NIKOLAI

Eine Kirche an dieser zentralen Stelle hat in Potsdam Tradition. Das letzte der diversen Vorgängergebäude wurde Ende des 18. Jhs. durch einen Brand zerstört. Die Pläne für die klassizistische Version der evangelischen Kirche hat Karl Friedrich Schinkel erstellt. Ab 1830 wurde gebaut. Nach der Zerstörung im Zweiten Weltkrieg entschloss sich die DDR-Führung für den Wiederaufbau, der sich dreißig Jahre bis 1981 zog. Orgel- und Chormusikliebhaber kommen zu einem der vielen Konzerte. Wirklich weit guckt, wer die 216 Stufen zur impo-

santen Kuppel hinaufgestiegen ist. *Tgl. 11.30–17 Uhr | Eintritt frei, Turmbesteigung 5 Euro | Am Alten Markt | nikolai-potsdam.de | Tram 91, 92, 93, 96, 98, 99 | Bus 603, 604, 605, 614, 631, 638, 650, 695 Alter Markt/Landtag |* ⏱ *30 Min. |* ▦ *G6*

6 OBELISK

Friedrich II. stand auf die Antike. Damals im Trend: der Obelisk. Die Potsdamer Version (Baujahr 1753) nach dem Entwurf von Georg Wenzeslaus von Knobelsdorff zierten einst vier Medaillons mit Bildern des Großen Kurfürsten, von Friedrich Wilhelm I. sowie von Friedrich I. und II. Mit den Zeiten wandelten sich Geschmack und Staatsform. Beim Wiederaufbau 1978/79 mit Marmor aus den sozialistischen Bruderländern Sowjetunion und Jugoslawien wurden die vier absolutistischen Herren durch Potsdamer Baumeister (Karl Friedrich Schinkel, Ludwig Persius, Carl von Gontard und natürlich von Knobelsdorff) ersetzt. *Am Alten Markt | Tram 91, 92, 93, 96, 98, 99 | Bus 603, 604, 605, 614, 631, 638, 650, 695 Alter Markt/Landtag |* ▦ *G6*

7 MERCURE HOTEL

Was hat dieser hässliche Plattenbau im sonst so schmuck restaurierten Zentrum zu suchen? Das solltest du die Potsdamer besser nicht fragen. Denn für viele ist diese Architektur sozialistischer Chic und damit eine der letzten Erinnerungen an die Idee vom perfekten Städtebau in der DDR, die eben auch zur Geschichte der Stadt Potsdam gehört. Doch nun verschwin-

INNENSTADT

det sie nach und nach. Zuletzt traf es 2017 das Institut für Lehrerbildung, später als Fachhochschule genutzt, am Alten Markt. Nun entsteht dort ein neues Quartier mit Wohnungen und Geschäften, natürlich mit Fassaden aus preußischen Zeiten. Auch die im Schatten der Nikolaikirche liegende Wohnplatte Staudenhof hat nur noch bis 2022 Bestandsschutz und soll danach ausgetauscht werden. Die historische Bedeutung des Mercure Hotels steigt damit, doch auch seine Zukunft ist ungewiss. 1969 eröffnete der Prestigebau als Interhotel; später wohnten Filmstars wie Zsa Zsa Gabor hier. Heute sind die Zimmer modernisiert und auch für Nicht-Promis erschwinglich. *Lange Brücke | Tram 91, 92, 93, 96, 98, 99 | Bus 603, 604, 605, 614, 631, 638, 650, 695 Alter Markt/Landtag | ⌖ G6*

8 ALTER STADTKANAL

Auch dieses kleine Stückchen Wasser wurde erst kürzlich wieder so angelegt, wie es sich heute präsentiert. Der Soldatenkönig ließ ab 1722 einen mittelalterlichen Entwässerungsgraben begradigen und schiffbar machen. Damit schlug er zwei Fliegen mit einer Klappe: Der Potsdamer Sumpf wurde entwässert und ein Weg zum Transport für Baumaterialien für die wachsende Stadt angelegt. Vom Tiefen See bis zur Neustädter Havelbucht zog sich der Kanal einmal quer durch die Innenstadt, als seien Grachten angelegt. Das Bild passte also perfekt zum Holländischen Viertel, das zur gleichen Zeit entstand.
Wie in anderen Zeugnissen des Absolutismus sah die DDR-Führung auch

in diesem preußischen Bauwerk keinen Sinn. 1965 ließ sie den Kanal zuschütten, was man heute bereut. Zur Bundesgartenschau 2001 wurde dieses Teilstück fertiggestellt. Der Rest soll folgen, doch das dauert, weil private Spenden dafür nötig sind. Wer zahlt, bekommt als Dank seinen Namen in einen der Pfeiler eingraviert. ==Die Pfosten von Vicco von Bülow alias Loriot und Günther Jauch zu finden und zu fotografieren macht nicht nur Paparazzi Spaß.== *Yorckstraße | stadtkanal.pots dam.com | Tram 91, 93, 94, 96, 98, 99 | Bus 692 Platz der Einheit/Bildungsforum | ⌖ 15 Min. | ⌖ F5–6*

INSIDER-TIPP Pfosten voller Promis

9 NEUER MARKT

An kaum einem Platz in Europa kann man den Barock, den prägenden Baustil des 18. Jhs., so gut studieren wie hier. Wie durch ein Wunder überstand das Ensemble fast komplett unbeschadet den Bombenkrieg im Zweiten Weltkrieg. In dem kleinen Haus in der Platzmitte, der *Ratswaage (restaurant-waage.de | €€)*, wurden früher Malz und Korn und bis Ende der 1970er-Jahre noch die Lastwagen des Volkseigenen Betriebs (VEB) Obst und Gemüse gewogen. Heute isst man hier Italienisch. *Am Neuen Markt | Tram 91, 92, 93, 96, 98, 99 | Bus 603, 604, 605, 614, 631, 638, 650, 695 Alter Markt/Landtag | ⌖ 15 Min. | ⌖ F6*

10 FILMMUSEUM

Voilà, das älteste erhaltene Gebäude der Stadt! Viel Zeit, es für die unterschiedlichsten Dinge zu nutzen. 1685

SIGHTSEEING

als Orangerie erbaut, wurde es schon ein paar Jahrzehnte später zum *Marstall* umgebaut, in dem Reitpferde des Königs untergebracht wurden. 1922 zog ein Garnisonmuseum ein, bevor der schon früh in der DDR entstandene Vorschlag, ein Museum über den hiesigen Filmstandort daraus zu machen, 1981 Wirklichkeit wurde.

Die Dauerausstellung „Traumfabrik – 100 Jahre Film in Babelsberg" führt dich durch die bewegte Geschichte von UFA über DEFA bis Hollywood. Zu sehen gibt es viele Devotionalien wie die Totenmaske von Asta Nielsen, ein Toupet von Hans Albers, Eintrittskarten für „Die Legende von Paul und Paula" und historische Kinosessel. Regelmäßige Sonderausstellungen (kosten extra) sowie ein *Kino* gibt es auch. **Dort werden regelmäßig Stummfilmklassiker gezeigt – live auf einer historischen Kino-Orgel begleitet.**

INSIDER-TIPP
Film ab – Orgel an

Kinder sehen ihre eigenen Klassiker. *Di–So 10–18 Uhr | Eintritt 5 Euro | Breite Str. 1a | filmmuseum-potsdam.de | Tram 91, 92, 93, 96, 98, 99 | Bus 603, 604, 605, 614, 631, 638, 650, 695 Alter Markt/Landtag |* 2½ Std. | F–G6

11 GARNISONKIRCHE

Seit Jahren ist hier eine Baustelle zu sehen, eine, die es niemals hätte geben dürfen, meinen die einen. Schließlich ließ sich in der alten Garnisonkirche Adolf Hitler per Handschlag vom Reichspräsidenten Paul von Hindenburg am 21. März 1933 die Macht übertragen, weil das Reichstagsgebäude in Berlin kurz zuvor niedergebrannt war. Als „Tag von Potsdam" ging das Datum in die Geschichtsbücher ein. Der Ort war bewusst gewählt: Hitler inszenierte die nationalsozialistische Macht damit als konsequente Fortführung deutscher Geschichte und Tradition, schließlich lagen zu dem Zeitpunkt in der Kirche noch der

Im Filmmuseum leuchten nicht nur die Stars

INNENSTADT

Soldatenkönig Friedrich Wilhelm I. sowie Friedrich der Große begraben.

Und eben wegen dieser beiden Könige muss die Kirche nach Kriegszerstörung und finaler Sprengung 1968 wieder aufgebaut werden, so sagen die anderen: Die 1730 von Friedrich Wilhelm I. in Auftrag gegebene Garnisonkirche sei ein für Preußen und damit für Deutschland wichtiger Ort. Nach Jahren des Streits war 2017 Baubeginn. ☞ Mittwochs um 14 Uhr und jeden ersten Samstag im Monat um 11 Uhr gibt es kostenlose Baustellenführungen. Spenden für den Wiederaufbau, der bis mindestens 2022 dauern soll, werden entgegengenommen.

INSIDER-TIPP
Schau auf den Bau

Die Särge der beiden Könige wurden übrigens kurz vor Ende des Zweiten Weltkriegs aus Angst vor dem Bombenhagel ausgelagert und kehrten 1991 zur nun hoffentlich ewigen Ruhe im Park Sanssouci nach Potsdam zurück. *Dortustr. 32 | garnison kirche-potsdam.de | Bus 580, 606 Schlossstraße |* ⏱ *15 Min. |* 🗺 *F6*

🔴 NATURKUNDEMUSEUM 👓

Was in Brandenburg seit jeher durch die Landschaft watschelt, kriecht und streunt und was darüber hinaus in den vergangenen Jahrhunderten von Menschen eingeschleppt wurde, ist hier ausgestopft zu bewundern – von Alexandersittich über Mandarinente bis Waschbär. Wie sich Mensch und Tier gegenseitig bedingen, erklärt die dazugehörige Ausstellung. Im riesigen Aquarium im Keller schwimmen zudem über vierzig quicklebendige Fischarten herum, die sonst in heimischen Gewässern herumdümpeln. *Di–So 9–17 Uhr | Eintritt Erw. 4, Kinder (6–18 Jahre) 2 Euro | Breite Str. 13 | naturkundemu seum-potsdam.de | Bus 606 Natur kundemuseum |* ⏱ *2 Std. |* 🗺 *F6*

🔴 DAMPFMASCHINENHAUS „MOSCHEE"

Mitte des 19. Jhs. war dank Industrialisierung einiges möglich. Eine an der Neustädter Havelbucht aufgestellte Dampfmaschine vermochte etwa so großen Druck zu erzeugen, dass Hunderte Meter weiter im Schlosspark Sanssouci eine Wasserfontäne fast 40 Meter in die Höhe schoss. Die dafür nötige Technik stammte von August Borsig, der später als Lokomotivbauer in die deutsche Industriegeschichte einging. König und Auftraggeber Friedrich Wilhelm IV. freute das besonders, weil er so gegenüber dem damals technologisch überlegenen England auftrumpfen konnte.

Damit die Industrieanlage im sonst so schönen Stadtbild nicht negativ auffiel, bekam sie eine Hülle im maurischen Stil verpasst, was ihr den Beinamen „Moschee" eintrug. Ein islamisches Gotteshaus im Stadtzentrum, und sei es nur als Fassade, erschien damals schick.

Heute ist die Maschine in Rente; die Fontäne von Sanssouci wird mit elektrischen Pumpen versorgt. Besichtigen kannst du den Bau regelmäßig zu Sonderveranstaltungen (Termine siehe Website), bei denen die alte Technik wieder läuft. *Mai–Okt. 1. So im Monat 10–17 Uhr | Eintritt 4 Euro |*

SIGHTSEEING

Breite Str. 28 | spsg.de | Tram 91, 94, 98 | Bus 605, 606, 610, 631 Feuerbachstraße | E6

14 BRANDENBURGER TOR

Preußen ist eine europäische Großmacht – das sollte nach dem Siebenjährigen Krieg jedem beim Betreten der Stadt klar werden, meinte Friedrich der Große. 1770 ließ er das klapprige Stadttor durch den Triumphbogen ersetzen, vor dem du nun stehst. Architekturkennern fallen die unterschiedlichen Baustile auf: Die Verzierungen der Stadtseite, Lisene und Trophäen genannt, hat Carl von Gontard entworfen. Die Säulen auf der anderen Seite waren die Idee seines Schülers Georg Christian Unger. *Luisenplatz | Tram 91, 94, 98 | Bus 605, 606, 619, 631 Luisenplatz Süd/ Park Sanssouci |* F5

15 GEDENKSTÄTTE LINDENSTRASSE

Die Bezeichnung „Lindenhotel" für das barocke Stadthaus ist wohl der Versuch, dem Grauen, das hier stattfand, nicht zu ohnmächtig gegenüberstehen zu müssen. Auf die politischen Häftlinge, die die Nationalsozialisten, der sowjetische Geheimdienst sowie die Stasi hier gefangen hielten, warteten Folter, Schlafentzug und Mangelernährung in unbeheizten Zellen. Im nationalsozialistischen Staat tagte im Gebäude zudem das „Erbgesundheitsgericht", das über Zwangssterilisationen entschied. An diese bewegte Geschichte erinnert eine Ausstellung am Beispiel so vieler Einzelschicksale, dass sie leider etwas konfus wirkt. Doch allein die Besichtigung des frei zugänglichen Gefängnisbaus ist gleichermaßen beeindruckend wie bedrückend. *Di–So*

Ort wichtiger Erinnerungen: Gedenkstätte Lindenstraße

INNENSTADT

Zum Tulpenfest ins Holländische Viertel

10–18 Uhr | Eintritt 2 Euro | Lindenstr. 54/55 | gedenkstaette-lindenstrasse. de | Tram 91, 94, 98 | Bus 605, 606, 614, 650, 692, 695, 697 Dortustraße | ⏱ 2½ Std. | ⌘ F5

🔴 HOLLÄNDISCHES VIERTEL ★

Kaum vorstellbar, aber in den 1970er-Jahren wären die bezaubernden Backsteinbauten mit dem quirligen Café- und Einkaufsbetrieb beinahe abgerissen worden. Der Zustand der Häuser war bemitleidenswert. Dank des Engagements der Potsdamer wurde das Viertel jedoch unter Denkmalschutz gestellt. Die umfassende Sanierung erfolgte erst nach dem Mauerfall. Über 235 Mio. Euro wurden dafür investiert.
Friedrich Wilhelm I. ließ die 134 Häuser zwischen 1734 und 1740 von Baumeister Johann Boumann entwerfen, um niederländische Siedler anzulocken. Sie kannten sich schließlich mit dem Bebauen feuchter Untergründe aus, das brauchte der König für seine wachsende Stadt. Noch mehr über die Geschichte erfährt man im Museum 🏛 *Jan-Bouman-Haus (Mo–Fr 13–18, Sa/So 11–18 Uhr | Eintritt 3 Euro | Mittelstr. 8 | jan-bouman-haus.byseum. de).* *hollaendisches-viertel-potsdam. de | Tram 92, 96 | Bus 604, 609, 638 Nauener Tor | ⏱ 45 Min. | ⌘ G5*

🔴 URANIA-PLANETARIUM

In Potsdam bleiben oder zu den Sternen reisen? Beides! Das kuschelige Planetarium mit seinen knapp 50 Plätzen ermöglicht Aufbrüche in neue Universen in Wohnzimmeratmosphäre. Die aktuelle Sternenkonstellation wirft ein Projektor an die Kuppel. Sich unheimlich real anfühlende Flüge durchs All ermöglicht ein modernes 360-Grad-Video-Projektionssystem. Für 👶 Kinder gibt es extra Programme, in denen etwa Lars, der kleine Eisbär, von Sternbildern in Bärform erzählt. Zudem gehören Konzerte und Lesungen unterm Sternenhimmel zum Angebot.

INSIDER-TIPP: Kultureller All-Tag

Eintritt Erw. 5,50, Kinder bis 18 Jahre 4 Euro | Gutenbergstr. 71 | urania-planetarium. de | Bus 603, 697 Hebbelstraße | ⏱ 1 Std. | ⌘ G5

🔴 KUNST- UND KULTURQUARTIER SCHIFFBAUERGASSE ★

Als ein Friedrich nach dem anderen noch durch Potsdam ritt, war hier am Havelufer Stoppelfeld und damit Platz,

SIGHTSEEING

als im 19. Jh. die Industrialisierung Einzug hielt. Ab 1817 wurden in der Schiffbauergasse, der Name sagt's, Schiffe gebaut, genauer: Dampfschiffe. Später kamen eine Mühle für Ersatzkaffee und ein Gaswerk hinzu. Letztere Dreckschleuder wurde erst 1991 stillgelegt, woraufhin Kulturschaffende das Gelände für sich entdeckten.

Heute kannst du im Neubau des *Hans-Otto-Theaters* tolle Produktionen, im *Waschhaus* Konzerte und in der *Fabrik* Tanztheater besuchen. Im *Museum Fluxus + (Mi–So 13–18 Uhr | Eintritt 7,50 Euro | fluxus-plus.de)* wird zeitgenössische Kunst ausgestellt. Besonders im Sommer sitzt du sehr schön in den Restaurants auf dem Gelände am Ufer. *Schiffbauergasse | schiffbauergasse.de | Tram 93 Schiffbauergasse/Berliner Straße | ⬚ H5*

🔟 FREUNDSCHAFTSINSEL

Die lang gestreckte Insel in der Havel ist ein äußerst nahes Naherholungsgebiet, denn sowohl vom Bahnhof als auch vom Alten Markt ist es nur ein Katzensprung auf die Schwemmsandinsel. Früher waren hier Gärten und Werften angesiedelt; 1938–41 wurden Stauden und Rosen gepflanzt und das Gelände zum Park erklärt. In den letzten Tagen des Zweiten Weltkriegs hob man zur Abwehr der anrückenden Roten Armee Schützengräben aus. Danach pflanzten hier hungrige Potsdamer Gemüse an. Seit 1953 kann man sich jedoch wieder im Grünen erholen – flanieren, picknicken, Bötchen fahren, Eis schlecken. Für die aktuelle Parkgestaltung ist die

Bundesgartenschau von 2001 verantwortlich, die ganz Potsdam eine gehörige Portion neuen Grüns verpasste. *freundschaftsinsel-potsdam.de | Tram 91, 92, 93, 96, 98, 99 | Bus 694 Lange Brücke | ⬚ G6*

PARK SANSSOUCI

(⬚ C–E 5–6) **Ein wenig Zeit und gutes Schuhwerk sind mitzubringen, um dem Gesamtkunstwerk Park Sanssouci gerecht zu werden. Es gilt schließlich, Gartenbaukunst und Architekturfinesse aus 250 Jahren auf 300 Hektar Parkfläche rund um die über zwei Kilometer lange Ost-West-Achse zu erkunden. Fast 60 Gärtnerinnen und Gärtner sind nötig, um die grüne Pracht in Schuss zu halten.**

Zum Ensemble gehören, natürlich, das weltberühmte und namengebende Schloss Sanssouci sowie das pompöse Neue Palais. Der Clou ist aber, dass sich hinter jeder Wegbiegung noch ein Belvedere oder andere bezaubernde Bauten wie eine Orangerie oder ein Teehaus verstecken, dafür allein nähme man an anderen Orten weite Anreisen in Kauf.

🐄 Den besten Überblick fürs kleinste Geld erhältst du mit dem *Ticket Sanssouci+ (online unter spsg.de | 2 Euro Systemgebühr).* Für 19 Euro gewährt es einen Tag lang Zugang zu diversen Potsdamer Häusern, die zur Stiftung

INSIDER-TIPP
Einmal alles

PARK SANSSOUCI

Preußische Schlösser und Gärten Berlin-Brandenburg gehören. Da für jede der im Park verteilten Sehenswürdigkeiten ein Extra-Eintritt fällig wird, lohnt sich das schnell.

20 SCHLOSS SANSSOUCI ★

Potsdamer hören das nicht gerne, aber ihr berühmtestes Schloss ist ein Scheinriese. Wer am Fuß der Weinbergterrassen auf den gelb leuchtenden Bau im Rokokostil mit der kleinen Kuppel schaut, staunt angesichts des beeindruckenden Zusammenspiels aus Architektur, Landschaftsplanung und Perspektive nicht schlecht. Doch schon beim Aufstieg über die Freitreppe sollte man sich lieber nicht umdrehen. Der Rasen auf den Terrassenstufen hat schon bessere Zeiten gesehen. Oben angekommen, ist das einstöckige Schloss zwar immer noch bezaubernd, allerdings überraschend klein. Es sollte ja auch nur seine Sommerresidenz sein, die Friedrich der Große höchstselbst 1744 skizzierte und von seinem Freund und Architekten Georg Wenzeslaus von Knobelsdorff umsetzen ließ. Nach zwei Jahren Bauzeit konnte Fritz 1747 seinen Traum vom sorglosen Leben beziehen (frz. „sans souci" = „ohne Sorge"). Das gefiel ihm so gut, dass er von nun an möglichst viel Zeit in seinem Potsdamer Lustschloss verbrachte, um Flöte zu spielen, zu komponieren und mit Geistesgrößen wie Voltaire zu diskutieren.

Zutritt zum Schloss erhält man heute wie damals über die andere, dem Garten abgewandte Seite. Die halbrunde Kolonnade mit den Säulen, die den Vorplatz begrenzen, macht ordentlich was her. Über die *Eingangshalle,* das Vestibül, gelangt man in den pompösen *Marmorsaal* mit güldener Decke und Kronleuchteralarm. Von hier geht es entweder zu den fünf Privatgemächern Friedrichs im Ostflügel oder den fünf Gästezimmern im Westflügel. Die Räume haben fast alle Gartenblick und wetteifern darum, am verschnörkeltsten, prunkvollsten und damit rokokohaftesten zu sein. Ganz weit vorne dabei ist das *Konzertzimmer* mit Flügel, Friedrichs Flöte sowie beeindruckendem Stuck und Wandbildern. Für seine Ehefrau Elisabeth Christine hatte der Alte Fritz übrigens keinen Platz im Schloss vorgesehen.

Der seidenbespannte Sessel, in dem Friedrich II. 1786 starb, ist heute noch

SIGHTSEEING

Für Schloss Sanssouci hat Friedrich II. selbst an den Entwürfen mitgewirkt

in seinem *Arbeitszimmer* zu besichtigen. Wenn es nach dem König gegangen wäre, hätte man ihn direkt im Schlosspark beigesetzt. Doch seine Nachkommen hielten die Gruft der Garnisonkirche für den angemesseneren Ort. Erst 1991 ging sein Wunsch nach einer weltkriegsbedingten Odyssee über ein Bergwerk in Thüringen und die Burg Hohenzollern in Erfüllung. Zu Ehren des Großen Fritz werden neben Blumen gerne die von ihm nach Preußen importierten Kartoffeln auf der schlichten Sandsteinplatte vor dem Ostflügel platziert.

Die Liebe zu Sanssouci teilte unter den preußischen Königen nur noch Friedrich Wilhelm IV. – passend angesichts seines Beinamens „Romantiker auf dem Thron". Ab 1841 ließ er einige Umbauten vornehmen und dabei die Seitenflügel verlängern. Schon 1873 wurde Sanssouci jedoch von Wilhelm I. zum Museum erklärt. *April–Okt. Di–So 10–17.30, Nov–März Di–So 10–16.30 Uhr; die Karten sind an feste Einlasszeiten gebunden und schnell ausverkauft – vorher online reservieren | Eintritt 14 Euro inkl. Führung oder Audioguide | Maulbeerallee | spsg.de | Bus 614, 650, 595, 697 Schloss Sanssouci | ⏱ 1 Std. | 🗺 E5*

21 BILDERGALERIE ☂

Friedrich der Große hatte einfach alles, natürlich auch eine Kunstsammlung mit Werken der flämischen Barockmalerei, der italienischen Renaissance sowie antiker Skulpturen. Da finden sich Meisterwerke von Peter Paul Rubens, Caravaggio und Anton van Dyck. Weil diese Samm-

43

PARK SANSSOUCI

lung Platz brauchte, ließ der Alte Fritz ab 1755 ein Extragebäude errichten. Die prunkvollen Räume gelten selbst schon als Kunst; den grünen Anstrich hätten die Wände angesichts der eng gehängten Ölschinken kaum gebraucht. Nach dem Zweiten Weltkrieg konfiszierte die Sowjetunion einen Großteil der Sammlung. Das meiste kam 1958 jedoch wieder zurück. *Mai–Okt. Di–So 10–17.30 Uhr | Eintritt 6 Euro | spsg.de | Bus 614, 650, 695, 697 Schloss Sanssouci |* ⏱ *1½ Std. |* 🚇 *E5*

22 BELVEDERE AUF DEM MÜHLENBERG 🚩

50 Meter Höhe reichen in Potsdam für den Begriff „Berg". Wo sich früher vier Windmühlen drehten, schmiegen sich heute schmucke Stadtvillen an den Hang. Über eine von der Weinbergstraße abzweigende Treppe und ein Eisentor erreichst du einen kleinen, öffentlichen Garten. Die Bänke, von denen du beste Sicht auf das Potsdamer Altstadtpanorama hast, stehen schon bereit. *Tgl. ab 8 Uhr bis Einbruch der Dunkelheit | Eintritt frei | Mühlenbergweg | Bus 614, 659, 697 Friedenskirche |* ⏱ *20 Min. |* 🚇 *E5*

23 FRIEDENSKIRCHE

Die Nachahmung eines italienischen Klosters mit hohem Turm, an einem extra angelegten See: Diese Kombination wurde nach Entwürfen von Friedrich Wilhelm IV. ab 1845 gebaut. Er selbst ließ sich später samt Gattin dort beerdigen. Heutzutage führen die Kammerakademie Potsdam und

das Hans-Otto-Theater hier zum Jahresende gemeinsam ihre Winteroper auf, stets zu biblischen Stoffen. *April Mo–Sa 11–17, So 12–17, Mai–Okt. Mo–Sa 10–18, So 12–18, Nov.–März Sa 11–18, So 12.30–16 Uhr | Eintritt frei | Am Grünen Gitter 3 | evkirche potsdam.de | Bus 614, 650, 692, 695, 697 Luisenplatz-Nord/Park Sanssouci |* 🚇 *E5*

24 CHINESISCHES TEEHAUS

China! Auch dieses Land samt (Bau-) Kultur lag am preußischen Hof Mitte des 18. Jhs. im Trend, und man ahmte es gern nach. Chinoiserie nennen Experten die Kombination aus ostasiatischen und europäischen Einflüssen, in diesem Fall im Stil des Rokokos. Der hübsche Gartenpavillon hat den Grundriss eines Kleeblatts; die goldenen, lebensgroßen Figuren seiner Außenfassade machen Musik oder trinken Tee. Im Inneren warten Wandmalereien sowie in Stuck gegossene, musizierende Affen über den Fensterbögen. Wer den Eintritt für das im Vergleich kleine Gebäude scheut, kann einfach durch die Fenster schauen und die Figuren erspähen. *Mai–Okt. Di–So 10–17.30 Uhr | Eintritt 4 Euro | Am Grünen Gitter | spsg.de | Tram 91, 94, 98 | Bus 605, 606, 610 Charlottenhof Bahnhof/Geschwister-Scholl-Straße |* ⏱ *20 Min. |* 🚇 *D5*

25 RÖMISCHE BÄDER

Friedrich Wilhelm IV. liebte Italien wirklich sehr. Das ging so weit, dass er sich einige Fußminuten vom Schloss Charlottenhof entfernt nach

SIGHTSEEING

eigenen Entwürfen von Karl Friedrich Schinkel und Ludwig Persius ein römisches Badensemble anlegen ließ. Gebadet wurde hier allerdings nie, die Anlage war reiner Sehnsuchtsort. In der Villa mit Turm im Landhausstil des 15. Jhs. durfte der Hofgärtner residieren. Der König selbst nahm im Pavillon am Ufer des künstlich angelegten Sees seinen Tee ein. Heute kommst du hier in den Genuss von Sonderausstellungen. *Mai–Okt. Di–So 10–17.30 Uhr | Eintritt 5 Euro | spsg.de | Regionalbahn | Tram 91, 94, 98 | Bus 580, 605, 606, 610, 631 Charlottenhof |* ⏱ *30 Min. |* 📖 *D6*

26 BRANDENBURGER VORSTADT

Südlich des Schlossparks ist im 19. und frühen 20. Jh. ein Gründerzeitviertel entstanden, das – dieser Berlinvergleich sei erlaubt – heute auf Prenzlauer Berg im Miniformat macht. Entlang der Geschwister-Scholl-Straße haben sich Cafés mit Avocado-Toast-Angebot, Bars und Geschäfte angesiedelt. Ein Abstecher zu den Jugendstilbauten in die Seitenstraßen lohnt sich zudem. Im Westen und Osten schließen sich Plattenbausiedlungen aus DDR-Zeiten an. *Regionalbahn | Tram 91, 94, 98 | Bus 580, 605, 606, 610, 631 Charlottenhof |* 📖 *D–E 5–6*

45

PARK SANSSOUCI

Beeindruckend, nicht nur wegen seiner Größe: Neues Palais

27 CHARLOTTENHOF

So hübsch, und doch so ruhig und abgelegen im ansonsten touristisch wuseligen Schlosspark. Dafür lohnt sich der Spaziergang bis zum Parkrand, zumal der kleine, klassizistische Bau ebenfalls ein echter Karl Friedrich Schinkel ist. Ab 1826 baute dieser für das Kronprinzenpaar Friedrich Wilhelm IV. und Elisabeth ein bereits vorhandenes Gutshaus zur italienischen Renaissancevilla um und entwarf auch gleich einen Großteil des Mobiliars. Den umliegenden, englischen Garten gestaltete Peter Joseph Lenné. Das Ensemble gilt als Höhepunkt des Schaffens des Potsdamer Planungs-Dreamteams. Seinen Namen verdankt das Schloss der einstigen Gutsherrin Maria Charlotte von Gentzkow. *Mai–Okt. Di–So 10–17.30 Uhr | Eintritt 6 Euro, nur mit Führung | Geschwister-Scholl-Str. 34a | spsg.de | Regionalbahn | Tram 91, 94, 98 | Bus 580, 605, 606, 610, 631 Charlottenhof |* ⏱ *45 Min. |* 📖 *D6*

28 KAISERBAHNHOF

Der letzte deutsche Kaiser, Wilhelm II., war gerne unterwegs. Da war ein eigener Bahnhof in direkter Nähe zu seinem Wohnsitz im Neuen Palais ideal. 1905 bis 1909 wurde im englischen Landhausstil gebaut; 1918 stieg er hier in den Zug Richtung Exil. Heute halten Regionalbahnen an dem restaurierten Bau, dessen Räume von der Akademie der Deutschen Bahn genutzt werden und leider nicht öffentlich zugänglich sind. *Am Neuen Palais/*

SIGHTSEEING

Ecke Geschwister-Scholl-Str. | Regionalbahn, Regionalexpress, Bus 605, 606, 610, 695 Bahnhof Potsdam Park Sanssouci | ▥ C6

29 NEUES PALAIS ★ ☂

Was für ein Monster von einem Schloss! Zumindest im direkten Vergleich zum zarten Sanssouci. Kaum zu glauben, dass auch hier Friedrich der Große Auftraggeber war. Doch im Neuen Palais wollte er nicht nur dem Barock, sondern auch dem Aufstieg Preußens zur Großmacht ein architektonisches, repräsentatives Denkmal setzen. Allerdings waren nach dem gerade beendeten Siebenjährigen Krieg die Mittel begrenzt. Weil die Zulieferung von Ziegelsteinen nur schleppend lief, wurde kurzerhand ein Backsteinmuster auf die Fassade gemalt. Auch die Kuppel ist nur Deko und krönt nicht etwa einen Kuppelsaal. Dafür war man dann auch nach nur sechs Jahren Bauzeit 1769 fertig.

Trotz dieser Tricksereien ist das Gebäude beeindruckend. In seinen drei Flügeln beherbergt es rund 200 Räume, vier Festsäle und ein *Schlosstheater*, alles barock-opulent. Für die Wandgestaltung des *Grottensaals* (auch *Muschelsaal* genannt) wurden etwa 24 000 Muscheln, Fossilien und Edelsteine aus aller Welt herbeigeschafft.

Friedrich selbst quartierte im Neuen Palais seine Gäste ein und gab rauschende Feste, lebte aber lieber nebenan in Sanssouci. Der letzte deutsche Kaiser und Prunkfan Wilhelm II. verbrachte hingegen seine Sommer mit Vorliebe hier. Er profitierte von den Annehmlichkeiten der Neuzeit:

Elektrisches Licht, Klos mit Wasserspülung und sogar ein Aufzug wurden eingebaut.

Nach Wilhelms Abdankung wurde das Neue Palais zum Museum erklärt; 1945 bedienten sich sowjetische Soldaten großzügig an der Inneneinrichtung. Seit einigen Jahren wird in Etappen saniert, doch keine Sorge: Für Besucher ist dennoch geöffnet. Die ehemaligen Wirtschaftsräume nutzt heute die Potsdamer Universität – dort kommt man kostenlos hinein. Die Raumgestaltung wurde modernisiert, doch Spuren der royalen Vormieter sind durchaus noch zu entdecken. Und für Kinder gibt's eine ☎ Wissenskammer für einen spielerischen Zugang zu Park und Palais. *April–Okt. Mi–So 10–17.30, Nov.–März Mi–So 10–16.30 Uhr | Eintritt 10 Euro (inkl. Führung oder Audioguide); die Karten sind an feste Einlasszeiten gebunden und ab 10 Uhr für den jeweiligen Tag erhältlich | Am Neuen Palais | spsg.de | Bus 605, 606, 695 Neues Palais | ⏱ 1 Std. | ▥ C5*

30 BOTANISCHER GARTEN

Auf dem Areal im Norden des Schlossparks waren schon zu Zeiten Friedrichs des Großen Gärtner aktiv. Heute gehören die fünf Hektar Freiflächen und Gewächshäuser zur Universität Potsdam, die hier forscht und ausbildet. Als Unterrichtsmaterial stehen über 10 000 verschiedene Pflanzen zur Verfügung, von der stecknadelkopfgroßen Zwergwasserlilie bis zum über 100 Meter hohen Mammutbaum. Wer diese Pflanzen nicht auf eigene Faust erkunden mag, kommt zu einer der

PARK SANSSOUCI

regelmäßigen Führungen und Veranstaltungen. 👥 Kinder können abends mit Taschenlampen ==auf Geistersuche gehen oder der Fütterung einer fleischfressenden Pflanze beiwohnen== (variierende Preise, Termine und Anmeldung auf der Website). *Gewächshäuser: tgl. April–Sept. 9.30–17, Okt.–März 9.30–16 Uhr | Eintritt Erw. 2 Euro, Kinder bis 6 Jahre frei; Paradiesgarten: ganzjährig 8 Uhr bis Sonnenuntergang | Eintritt frei | Maulbeerallee 2 | uni-potsdam.de/de/botanischer-garten | Bus 695 Orangerie |* ⏱ *1 Std. |* 🗺 *D5*

31 BELVEDERE AUF DEM KLAUSBERG

Um eine gute Aussicht auf das Neue Palais genießen zu können, müsste mal jemand den grünen Wildwuchs um die Anhöhe im Nordosten des Parks etwas stutzen. Doch allein das hübsche, gemauerte Aussichtsgebäude mit seinen filigranen Säulen lohnt den Weg, zumal hier eine Potsdamer Tradition begründet wurde. Denn der durch Friedrich II. in Auftrag gegebene Bau war der erste extra angelegte Belvedere. Einen Blick in das Gebäude kann man leider nur bei Sonderveranstaltungen werfen, die auf der Website angekündigt werden. *An der Orangerie 1 | spsg.de | Bus 695 Drachenhaus |* 🗺 *C–D 4–5*

32 ORANGERIESCHLOSS

Eine Portion Uffizien aus Florenz, dazu eine Prise Villa Medici aus Rom sowie ein gerüttelt Maß an eigenen Ideen. Und das bitte gekoppelt an ein bewohnbares Schloss samt Pflanzenhallen: Das alles wünschte sich Friedrich Wilhelm IV. Mitte des 19. Jhs. von seinen Architekten Ludwig Persius, Friedrich August Stüler und Ludwig Ferdinand Hesse, die Mühe hatten, daraus ein stimmiges Ganzes zu kreieren. Ist aber gelungen! Bis heute überwintern die kälteempfindlicheren unter den Schlossparkpflanzen hier. Im *Raffaelsaal* im Mittelbau lassen sich über fünfzig im 19. Jh. angefertigte Kopien von Gemälden Raffaels bewundern, was gut zum Kopierkonzept des gesamten Baus passt. *April Sa/So 10–17.30 Uhr (nur mit Führung), Mai–Okt. Di–So 10–17.30 Uhr (Di–Fr nur mit Führung, Sa/So auch ohne Führung) | Eintritt 6, Turm 3 Euro | An der Orangerie 3–5 | spsg.de | Bus 695 Orangerie |* ⏱ *45 Min. |* 🗺 *D5*

33 HISTORISCHE MÜHLE

Wie um alles in der Welt passt diese handwerklich-bodenständige holländische Windmühle in den pompösen Schlosspark? Wenn es nach Friedrich dem Großen gegangen wäre, stellte sich diese Frage heute nicht. Dem nämlich ging das Geklapper der Mühle in unmittelbarer Nähe seines Lustschlosses auf die Nerven. Daher, so zumindest die Legende, drohte er mit Abriss oder Enteignung, wovon sich der mutige Müller jedoch nicht verunsichern ließ. Man könne das gerne vor dem Berliner Kammergericht klären, soll er gesagt haben. Daraufhin zog sich der König zurück.

Klappern durfte die Mühle also weiter, wurde darüber jedoch klapprig und daraufhin 1791 durch einen größeren

SIGHTSEEING

Bau ersetzt, der wiederum in den letzten Tagen des Zweiten Weltkriegs in Flammen aufging. Seit 1993 mahlt die rekonstruierte Fassung wieder.

SIDER-TIPP Neues altes Handwerk Das Biogetreide verbackt die Potsdamer Familienbäckerei *Fahland* zu ihrem leckeren Windmühlenbrot. Wer sich für alte Technik und historische Mühlen interessiert, besucht die mühlenkundliche Dauerausstellung und genießt die gute Aussicht auf den Park von der Galerie aus. *April–Okt. tgl. 10–18, Nov., Jan.–März Sa/So 10–16 Uhr | Eintritt 4 Euro | Maulbeerallee 5 | historische-muehle-potsdam.de | Bus 614, 650, 695, 697 Schloss Sanssouci | 45 Min. | E5*

34 KRONGUT BORNSTEDT

Das alte Rittergut kam im 17. Jh. in den Besitz der Hohenzollern und wurde von ihnen als Mustergut aufgebaut. In allen Bereichen der Landwirtschaft wurden hier neue Techniken erprobt, auf dass die umliegenden Bauern erfolgreiche Muster kopierten.

Den italienischen Stil erhielt das Gut Mitte des 19. Jhs. beim Wiederaufbau nach einem Brand. Besuchern ist das Ensemble mit Hofladen, Hofbäckerei und Brauhaus nach einer umfassenden Sanierung zugänglich. Von Oster- bis Weihnachtsmarkt gibt es das ganze Jahr über rustikale Feste und Veranstaltungen mit deftiger Kost und zünftiger Musik. Zudem kann man regelmäßig Nacheiferern der Langen Kerls, des Garderegiments des Soldatenkönigs, beim Exerzieren zuschauen (Termine siehe Website). *Das Gelände ist frei zugänglich, Öffnungszeiten der einzelnen Geschäfte siehe Website | Ribbeckstr. 6–7 | krongut-*

In alten Gemäuern frisches Bier zischen: Krongut Bornstedt

NÖRDLICH DES ZENTRUMS

bornstedt.de | Bus 614, 650 Ribbeckstraße | ⏱ 45 Min. | 🗺 D4

35 RUINENBERG
Ein echter Schlosspark braucht Fontänen und diese wiederum viel Wasser, das nach oben spritzt. Daher ließ Friedrich der Große Mitte des 18. Jhs. auf einer Anhöhe im Norden ein Wasserreservoir anlegen, von wo die Fluten Richtung Park donnern und dort in die Höhe schießen sollten. Um die Funktionalität zu kaschieren, wurden antike Ruinen als Schmuckelement gefertigt. Ganz recht, der verfallene Status der Mauern war von Anfang an gewollt.

Das Bewässerungssystem hat nicht wie gewünscht funktioniert; später übernahm eine Dampfmaschine den Antrieb. Heute hat man von oben gute Sicht auf Schloss Sanssouci, die noch besser wird, wenn man den *Normannischen Turm* besteigt. Er wurde hundert Jahre nach dem Bau der Ruinen ergänzt. Leider ist er nur zu speziellen Anlässen geöffnet. Infos unter: *spsg.de. Bus 614, 650, 595, 697 Schloss Sanssouci | 🗺 E4*

NÖRDLICH DES ZENTRUMS

(🗺 D–J 3–4) **So schön grün hier! Ob russische Sänger oder preußische Könige im Schatten ihrer Vorgänger – zwischen Jungfernsee, Heiligem See und Tiefem See im Norden der Stadt fanden sie alle Heimat und Platz, sich zu entfalten.** Im Schloss Cecilienhof wurde 1945 europäische Geschichte geschrieben, als sich die alliierten Siegermächte zur Potsdamer Konferenz trafen. Im darauf folgenden Kalten Krieg riegelten Spione ein Geheimstädtchen ab. Nicht weit davon entfernt entdeckten Ost und West den perfekten Ort für den gegenseitigen Agentenaustausch.

36 NEUER GARTEN
Als Nachfolger Friedrichs des Großen stand Friedrich Wilhelm II. vor der großen Herausforderung, nicht in den enormen Fußstapfen seines Onkels zu versinken, sondern eigene Akzente zu setzen. Ein in Landschaftsplanung gegossener Versuch ist der

SIGHTSEEING

Neue Garten, der nicht umsonst so heißt: Hier wurde ab 1787 eben nicht wie in Sanssouci dem Barock gemäß geometrisch durchgeplant, sondern der Natur freier Lauf gelassen. Das führte so weit, dass im Norden Kühe grasten, deren Milch vor Ort in der Meierei zu Butter und Käse verarbeitet wurde (heute lässt sich dort zünftig speisen, s. S. 72).

Schon nach wenigen Jahren drohte der Wildwuchs sich selbst über den Kopf zu wachsen. Peter Joseph Lenné griff durch und sorgte für Sichtachsen und etwas Ordnung mit Wegen, Wiesen und Pflanzen. Heute ist ein Spaziergang durch den Park nicht nur aufgrund des wunderbaren Blicks über die angrenzenden Seen empfehlenswert, sondern auch, weil man ständig auf exzentrische Bauten trifft: auf eine künstliche *Muschelgrotte,* auf die hinter vermeintlich antiken Ruinen versteckte *Schlossküche* oder auf einen als Pyramide verkleideten *Eiskeller,* eine Frühform des Kühlschranks. *Tgl. ab 8 Uhr bis Einbruch der Dunkelheit | spsg.de | Bus 603 Schloss Cecilienhof | ⏱ 1½ Std. | G3-4*

37 MARMORPALAIS

Romantische Sommerresidenz mit Seeblick, eine Fassade aus rotem Backstein und schlesischem Marmor, ein toller Blick auf das umgebende Gartenreich: Weil Friedrich Wilhelm II. sich eine solche Immobilie wünschte, aber keine fand, ließ er das Palais 1787 bis 1792 kurzerhand selbst errichten. Das schmucke Schloss war das erste im frühklassizistischen Stil in Potsdam. Vom Dach des Rundtempels

51

NÖRDLICH DES ZENTRUMS

hatte er einen wunderbaren Blick. In der DDR hielt man es für eine gute Idee, hier ein Armeemuseum einzuquartieren. Mittlerweile sind die Räume aber wieder so zu besichtigen, wie die Hohenzollern sie gestalteten und hinterließen – das türkische *Zeltzimmer* z. B. mit blau-weißer Wandbespannung aus Atlas, Diwan und Straußenfederschmuck. Ein Traum! *April Sa/So 10–17.30, Mai–Okt. Di–So 10–17.30, Nov.–März Sa/So 10–16 Uhr | Eintritt 6 Euro nur mit Führung, Kombiticket mit Schloss Cecilienhof 16 Euro | Im Neuen Garten 10 | spsg.de | Bus 603 Schloss Cecilienhof | ⏱ 45 Min. | ▭ G3–4*

38 SCHLOSS CECILIENHOF ★

Nicht Italien, sondern ausnahmsweise mal England durfte architektonische Inspiration für den letzten Schlossbau der Hohenzollern in Potsdam liefern. Ab 1913 wurde drei Jahre im Landhausstil mit Fachwerkgiebeln gebaut. Bis 1918 residierte hier das Kronprinzenpaar Wilhelm und Cecilie.

Weil Berlin zerstört war, trafen sich 1945 US-Präsident Harry S. Truman, der sowjetische Staatschef Josef Stalin sowie die britischen Premierminister Winston Churchill bzw. sein Nachfolger Clement Attlee in Cecilienhof, um die Zukunft Europas zu regeln. Der holzvertäfelte Raum mit den gepolsterten Chefsesseln ist heute zu besichtigen.

**INSIDER-TIPP
Geschichte für die Ohren**

Der Audioguide informiert über den Untergang der deutschen Monarchie und die Neuordnung nach dem Zweiten Weltkrieg gleichermaßen. Auch Fans

Wer beim Potsdamer Abkommen im Cecilienhof Hausherr war, zeigt der Sowjetstern

SIGHTSEEING

royaler Möbelstücke kommen auf ihre Kosten: Für die Konferenz wurde ein Best-of des Vorhandenen aus den umliegenden Schlössern herbeigeschafft und in Cecilienhof belassen. *April–Okt. Di–So 10–17.30, Nov.–März Di–So 10–16.30 Uhr mit Führung oder Audioguide | Eintritt 10, im Kombiticket mit dem Marmorpalais oder dem Belvedere auf dem Pfingstberg 16 Euro | Im Neuen Garten 11 | spsg. de | Bus 603 Cecilienhof | ⏱ 1½ Std. | ▥ G3*

❸❾ GEDENK- UND BEGEGNUNGS-STÄTTE LEISTIKOWSTRASSE

Bedrückend. Anders lässt sich der Besuch des ehemaligen Untersuchungsgefängnisses der sowjetischen Spionageabwehr nicht beschreiben. An den Wänden der kargen Kellerzellen sind die eingeritzten Notizen derjenigen nachzulesen, die ab 1945 inhaftiert waren. Für manche ging es von hier in die Straflager nach Sibirien. Erst 1991 endete die Nutzung des einstigen Hauses der evangelischen Frauenhilfe als Gefängnis.

Noch mehr über den Geheimdienst kannst du im Anschluss an den Besuch an 14 Infosäulen auf einem insgesamt 2,5 Kilometer langen *Geschichtspfad* erfahren. Er führt dich durch das umliegende Viertel, das die Sowjets zwischen 1945 und 1994 für sich abriegelten und das als „Militärstädtchen Nummer 7" komplett autark von der Stadt funktionierte – inklusive eigenen Postsystems, Einkaufsmöglichkeiten, Hotel, Kino und Sauna. *April–Okt. Di–So 14–18, Nov.–März Di–So 13–17 Uhr | Eintritt frei | Leisti-*

kowstr. 1 | leistikowstrasse-sbg.de | Bus 603 Persiusstraße | ⏱ 2 Std. | ▥ G3

❹⓪ BELVEDERE AUF DEM PFINGSTBERG

Man mag sich gar nicht vorstellen, wie imposant das Schloss mit den markanten Säulen und der Freitreppe im Stil der italienischen Renaissance geworden wäre, hätten Sparmaßnahmen nicht den Bauprozess auf halber Strecke gestoppt. Mitte des 19. Jhs. war das, und das Geld wurde dringender für die zeitgleich entstandene Orangerie gebraucht.

Nach dem Mauerbau wurde das Gelände gesperrt und verfiel, weil die Aussicht auf die Grenzanlagen und die KGB-Zentrale am Fuß des Bergs zu gut war. Über diese Geschichte informiert eine Ausstellung im Schloss, das mit finanzieller Unterstützung der Hermann-Reemtsma-Stiftung und des Unternehmers Werner Otto aufpoliert wurde. Der Förderverein führt in den Sommermonaten jeden ersten Sonntag im Monat um 11 Uhr durch Haus und Park

INSIDER-TIPP
Der Berg ruft

(10 Euro, Treffpunkt Kasse). Ausstellung: April–Okt. tgl. 10–18, März–Nov. Sa/So 10–16 Uhr | Eintritt 6 Euro | Pfingstberg | pfingstberg.de | Bus 604, 609, 638, 697 Am Pfingstberg | ⏱ 45 Min. | ▥ F3

❹❶ VOLKSPARK POTSDAM

Endlich mal ein Park in Potsdam, in dem das Betreten des Rasens inklusive Fußballspielen und Grillen ausdrücklich erlaubt ist! Das ehemalige

NÖRDLICH DES ZENTRUMS

Militärgelände im Norden der Stadt wurde zur Bundesgartenschau 2001 hergerichtet und verspricht mit 🎢 Riesenrutschen, Riesenschaukeln und Skatepark auch für Kinder viel Spaß. Falls dein Reisegepäck nicht die nötigen Utensilien bereithält, kannst du Tischtennisschläger, Volleybälle und Picknickdecken für wenig Geld am Besucherservice im Infopavillon am Haupteingang ausleihen. Tickets für den Park gibt es an jedem der 18 Eingänge am Automaten und sind auf Verlangen vorzuzeigen. *Tgl. 5–23 Uhr (Infopavillon Mai–Sept. Mo–Fr 14–18, Sa/So 11–17, April/Okt. Mo–Fr 14–17, Sa/So 11–17, März Sa/So 11–17 Uhr) | Eintritt 1,50, im Winter 0,50 Euro | Haupteingang: Georg-Hermann-Allee 101 | volkspark-potsdam.de | Tram 96 | Bus 609, 638 Volkspark* | ⏱ 1½ Std. | 🗺 E–F 2–3

42 BIOSPHÄRE POTSDAM 🎢 🌴

Warum in die Tropen reisen, wenn deren Pflanzenwelt, tierische Bewohner und Temperaturen so nah liegen? Mitten im Volkspark kannst du zu Tiefseequallen tauchen, Schmetterlinge beobachten und stündlich das Naturereignis eines tropischen Gewitters bewundern. Regelmäßige Führungen und Workshops gibt es auch (Termine siehe Website). *Mo–Fr 9–18, Sa/So 10–19 Uhr | Eintritt Erw. 11,50, Kinder bis 3 Jahre frei, 3–5 Jahre 4,50, 6–13 Jahre 7,80 Euro | Georg-Hermann-Allee 99 | biosphaere-potsdam.de | Tram 96 | Bus 609, 638 Volkspark* | ⏱ 3 Std. | 🗺 F3

43 RUSSISCHE KOLONIE ALEXANDROWKA ★

Mit den Weiten der Tundra kann es Potsdam natürlich nicht aufnehmen. Aber für hiesige Verhältnisse ist das Dutzend Holzhäuser sehr großzügig in einer Parklandschaft verteilt. 1826/27 ließ Friedrich Wilhelm III. die Siedlung als neue Heimat für zwölf Sänger eines russischen Chors errichten. Mit dem Namen wurde dem kurz zuvor verstorbenen Zar Alexander I. und der damals noch großen Freundschaft zwischen Hohenzollern und Romanows gedacht.

Der Park in Form eines Andreaskreuzes wurde von Peter Joseph Lenné erdacht und glänzt heute mit über 800 verschiedenen Obstsorten, darunter alleine 365 unterschiedliche Äpfel. Noch mehr Details vermittelt das kleine *Museum Alexandrowka (wechselnde Öffnungszeiten s. Website | Eintritt 3,50 Euro | Russische Kolonie 2 | alexandrowka.de)* in einem der Häuser. Zudem lohnt sich der Anstieg zur russisch-orthodoxen *Alexander-Newski-Gedächtniskirche* auf den Hügel im Zentrum. Sie beweist, dass auch in der kleinsten Hütte Platz für sehr, sehr viele Gottesmütter ist. Gegen eine Spende kannst du sphärischer Musik lauschen und eine Kerze anzünden. *Russische Kolonie | Bus 604, 609, 638, 697 Am Schragen/Russische Kolonie* | ⏱ 1 Std. | 🗺 F4

44 BERLINER VORSTADT

Zwischen Heiligem und Tiefem See hat es sich Potsdams Prominenz in Form von Wolfgang Joop, Günther Jauch und Nadja Auermann bequem

SIGHTSEEING

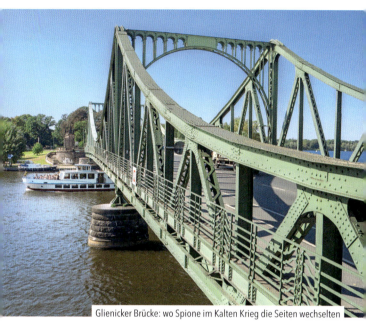

Glienicker Brücke: wo Spione im Kalten Krieg die Seiten wechselten

gemacht. Die Prunkvillen entlang der Seestraße sind ebenso sehenswert wie die von der Sanierung bislang vergessenen Schönheiten, die sich dazwischengemogelt haben. Das solltest du dir auch vom übrigens unverschämt klaren Wasser aus ansehen. Dafür brauchst du weder Boot noch Badehose: Am Übergang zum Neuen Garten gibt's eine Badestelle, an der man sich gerne auch textilfrei in die Sonne legt. *Tram 93 | Bus 316 Glienicker Brücke | ⏱ 45 Min. | ⌘ H3–4*

**INSIDER-TIPP
Planschen in der Promi-Badewanne**

㊺ VILLA SCHÖNINGEN

Für viele Jahre ging der Blick aus der hübschen Villa im italienischen Stil auf die deutsch-deutsche Grenze an der Glienicker Brücke. Folgerichtig, dass die heute hier untergebrachte Dauerausstellung deren Geschichte erzählt. Im ersten Stock ist Platz für regelmäßig wechselnde Kunstausstellungen. Im Garten werden im Sommer Skulpturen präsentiert. *Do 18–21, Fr–So 12–18 Uhr | Eintritt 9 Euro | Berliner Str. 86 | villa-schoeningen.org | Tram 93 | Bus 316 Glienicker Brücke | ⏱ 1 Std. | ⌘ H-J3*

㊻ GLIENICKER BRÜCKE

Drei Tauschaktionen mit insgesamt 40 Agenten in der Zeit des Kalten Krieges reichten aus, um dieser Brücke weltweite Bekanntheit zu verschaffen. Als „Bridge of Spies" wurde die Verbindung über die Havel zwischen Berlin

BABELSBERG

Park und Schloss Babelsberg – die ewig Unterschätzten

(West) und Potsdam (Ost) 2015 sogar von Hollywood verewigt (Regie: Steven Spielberg, Tom Hanks in der Hauptrolle). Heute lohnt sich die Besichtigung vor allem wegen der schönen Aussicht auf die Sacrower Heilandskirche sowie Schloss und Park Babelsberg und das am Ufer liegende Dampfmaschinenhaus. *Tram 93 | Bus 316 Glienicker Brücke |* ⏱ *20 Min. |* 📖 *J3*

BABELSBERG

(📖 *J–K 4–6*) **Straßen mit Kopfsteinpflaster und einstöckige Häuschen mit hölzernen Fensterläden – ist das hier etwa das 18. Jh. auf dem Dorf?**

In Babelsberg scheint die Zeit stehen geblieben zu sein. Doch keine Sorge: Hier fließen Strom und Wasser, Letzteres auch sehr malerisch in Form der Havel um den verwunschenen Schlosspark Babelsberg. Dieser samt dazugehörigem Schloss gerät im Wettstreit um Aufmerksamkeit angesichts der Überzahl königlicher Bauwerke immer ins Hintertreffen – jedoch völlig zu Unrecht! Vom Filmpark kann man das nicht behaupten: Der Freizeitpark zum Thema Film zieht jedes Jahr über 300 000 Besucher mit Interesse an Kulissen, mutigen Stuntfrauen und Autogrammen an.

47 FILMPARK BABELSBERG ⭐ 🚩

Wenn wie hier hundert Jahre Filmgeschichte auf einen Freizeitpark treffen, sollte man durchaus einen Tag einpla-

SIGHTSEEING

nen. Es gibt viel zu sehen im 1911 gegründeten Filmpark mit angeschlossenem Filmstudio: diverse Kulissen, von „Lummerland" bis „Monuments Men". Dazu das „Sandmännchen"-Abenteuerland, die Stunt-Show in der Vulkan-Arena, Westernstraße, Mittelalterstadt, 4D-Kino. Mehrmals am Tag gibt es Führungen durch das Außen-Set von „Gute Zeiten, Schlechte Zeiten" sowie diverse Shows. Deren Termine variieren täglich und sind, damit du nichts verpasst, auf der Eintrittskarte für den Tag vermerkt. Die Besucher erfahren außerdem, wie es hinter den Kulissen zugeht, wo die Requisiten herkommen und wie ein Green Screen funktioniert. Während der Schulferien gibt es besondere Angebote, etwa 👥 Stuntworkshops für Kinder. Im Eintrittspreis sind alle Attraktionen enthalten. 🍴 Picknick mitbringen ist erlaubt. *April–Okt. tgl., im Sommer 10–18 Uhr, sonst 9–17 Uhr, produktionsbedingt können sich die Öffnungszeiten spontan ändern, vorher Website checken | Eintritt Erw. 22 Euro, Kinder bis 3 Jahre frei, Kinder 4–16 Jahre 15 Euro, Onlinekauf günstiger, Schnupperticket 3 Std. vor Schluss direkt an der Kasse 15 Euro | Großbeerenstr. 200 | filmpark-babelsberg.de | Bus 601, 619, 690 Filmpark Babelsberg |* ⏱ *6 Std. |* 🗺 *L7*

INSIDER-TIPP
Crashkurs als Action-Double

48 PARK BABELSBERG

Die unterschätzte Perle der Potsdamer Parklandschaften wurde ab 1833 von Peter Joseph Lenné und Fürst Her-

mann von Pückler-Muskau und damit gleich von zwei Gestaltungsstars ihrer Zeit geprägt. Rund um das Schloss glänzen gepflegte Rabatten. Wer auf angelegten Wegen weiter Richtung Süden streift, hat es mit mehr Wildwuchs und Steigung, dafür aber mit wunderbarer Aussicht auf die Glienicker Brücke, Schloss Sacrow sowie die Potsdamer Skyline zu tun. Noch mehr Weitblick bietet der *Flatowturm (Mai–Okt. Sa/So 10–17.30 Uhr | Eintritt 4 Euro | spsg.de).* Friedrich Wilhelm I. ließ ihn Mitte des 19. Jhs. als Wohnturm errichten, um dort seine Gäste einzuquartieren. *Tgl. ab 8 Uhr bis Einbruch der Dunkelheit | spsg.de | Bus 616 Schloss Babelsberg oder Tram 94, 99 | Bus 694 Alt Nowawes |* ⏱ *1½ Std. |* 🗺 *H–K 4–5*

49 SCHLOSS BABELSBERG

Wow. Wenn Kinder Schlösser malen, dann sehen sie genau so aus. Angesichts der Tatsache, dass sich an dem imposanten Bau aus hellem Backstein mit seinen Türmchen und Zinnen gleich mehrere Bauherren verwirklicht haben, ist dieses Schloss wirklich schön und gelungen. Der erste Entwurf für eine Sommerresidenz für Prinz Wilhelm (später König Wilhelm I.) und seine Frau Augusta stammt von Karl Friedrich Schinkel. Als Wilhelm 1840 Thronfolger wurde, musste etwas mehr Repräsentanz her. Dafür sorgten nach Schinkels Tod Ludwig Persius und Johann Heinrich Strack, denen die Königin immer wieder ihre eigenen Ideen aufdrängte. Wer sich auskennt, kann die schlichte Schinkel-Basis vom Ornamente-Ex-

57

BABELSBERG

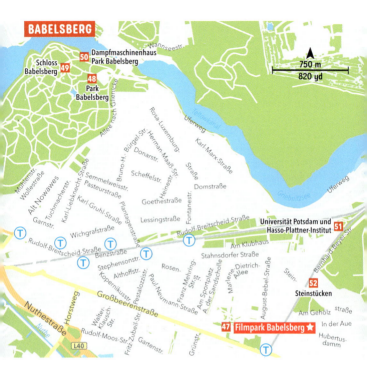

zess des späteren Anbaus unterscheiden.
Die Fassade wurde inzwischen frisch saniert. Jetzt sind die Innenräume dran, weshalb das Schloss bis auf Weiteres geschlossen ist – Führungen und Veranstaltungen machen eine Ausnahme. *(Termine s. Website, Führung 8 Euro). Park Babelsberg 10 | spsg.de | Bus 616 Schloss Babelsberg | ⏱ 30 Min. | 🕮 J4*

INSIDER-TIPP
Sehenswerter royaler Leerstand

50 DAMPFMASCHINENHAUS PARK BABELSBERG

Wer im 19. Jh. seinen Park mit Bewässerung und Springbrunnen ausstatten wollte, der brauchte Pumpen und Wasserdruck. Zum Glück waren damals schon Dampfmaschinen erfunden, sodass die Babelsberger Wasserfontäne auf bis zu 40 Meter in die Höhe getrieben werden konnte. Damit die industrielle Anlage im königlichen Park am Havelufer nicht negativ auffiel, bekam sie die äußere Hülle einer neogotischen Burg verpasst. So ist sie auch gut zu unterscheiden vom kurz zuvor entstandenen Dampfmaschinenhaus an der Neustädter Havelbucht, das für die Wasserspiele im Park Sanssouci sorgte. *Park Babelsberg 11 | Bus 616 Schloss Babelsberg | ⏱ 15 Min. | 🕮 J4*

SIGHTSEEING

51 UNIVERSITÄT POTSDAM UND HASSO-PLATTNER-INSTITUT

Ein moderner Unicampus im Grünen, da lässt sich doch entspannt Jura, BWL oder Informatik studieren. Eine Besonderheit an diesem Standort ist das der Uni angegliederte, aber vorwiegend privat finanzierte Hasso-Plattner-Institut. Dort lernt man, mit komplexer Software umzugehen. Ein Besuch lohnt sich für Nicht-Studenten unbedingt, weil die Atmosphäre auf dem hübsch bepflanzten Areal vor allem in den warmen Monaten einfach lässig ist. *S 1, 7 | Bus 616, 694, 696 Griebnitzsee |* ⏱ *30 Min. |* 🚊 *M6*

52 STEINSTÜCKEN

Eine Straße, ein paar kleinere Villen, teilweise hinter hohen Zäunen, und dann ist da schon wieder das Ortseingangsschild Potsdam: Bedeutsame Orte der deutsch-deutschen Geschichte können ziemlich gewöhnlich aussehen. Das Spannende an dieser winzigen, von Potsdam umschlossenen Berliner Exklave ist ihre Vergangenheit. Über mehrere Jahrzehnte waren ihre 200 westdeutschen Bewohner von West-Berlin abgeschnitten. Nach dem Mauerbau überbrückten Hubschrauber die paar Meter über DDR-Boden; 1971 wurde über einen Gebietsaustausch ein Anschluss auf dem Landweg samt BVG-Busverbindung hergestellt. Bis heute trennt der kuriose Grenzverlauf die Bundesländer Brandenburg und Berlin, doch das ist eben nicht mehr so spektakulär. *Bus 118, 694 Steinstücken |* 🚊 *M6*

AUSSERDEM SEHENSWERT

Rein in Bus und Bahn und ab nach draußen! Potsdams Außenbezirke sind schließlich auch sehenswert.
Auf dem Telegrafenberg wartet etwa ein Wissenschaftspark auf Besucher, die sich für Einsteins Relativitätstheorie und unser aller Klima interessieren. Wem der Sinn mehr nach Geschichte steht, der reist nach Sacrow zur Heilandskirche und wundert sich, wie so ein hübscher Bau einst Teil der deutsch-deutschen Grenzbefestigung werden konnte.

53 WISSENSCHAFTSPARK ALBERT EINSTEIN

Auf dem Berg (Süddeutsche nennen so etwas wohl eher Hügel) am Rand der Stadt, mitten im Grünen, wurde bereits 1832 ein optischer Telegraf errichtet. Der Apparat ähnelt einer Windmühle, gekrönt von einem weithin sichtbaren Mast mit sechs beweglichen Signalarmen. Über sie ließen sich Informationen von Berlin bis Koblenz vermitteln. Der Name *Telegrafenberg* war damit gesetzt. Ab den 1870er-Jahren siedelten sich hier diverse wissenschaftliche Einrichtungen an. Heute residieren in den hübschen Backsteinbauten etwa das Potsdam Institut für Klimafolgenforschung, das Deutsche Geoforschungszentrum und das Leibniz-Institut für Astrophysik Potsdam.
Der expressionistische *Einsteinturm* wurde 1919 bis 1924 errichtet, um

59

AUSFLÜGE

Albert Einsteins Relativitätstheorie dem Praxistest zu unterziehen. Mit dem Sonnenteleskop wird immer noch geforscht, weshalb der Turm nur zu speziellen Terminen mit Führungen zugänglich ist *(Infos unter urania-potsdam.de)*. Der *Große Refraktor* , ein Riesenfernrohr in einem Kuppelbau von 1899, hat hingegen nur noch musealen Wert und wird als Wissenschaftsdenkmal von einem Förderverein betreut *(regelmäßig Führungen und Beobachtungsabende | aip.de/ grosser_refraktor).* Albert-Einstein-Str. | Bus 691 Telegrafenberg | ⏱ 45 Min. | 🗺 G7–8

54 DINO-DSCHUNGEL ☎

Nach viel gutem Benehmen im Potsdamer Schlösserdschungel haben sich die Kinder eine Auszeit verdient. Lärmen, Springen, Rennen – alles, was in Sanssouci den Aufsehern den kalten Schweiß auf die Stirn treibt, ist im Indoor-Spielplatz ausdrücklich erlaubt. Für Erziehungsberechtigte gilt derweil: Picknick und gute Nerven nicht vergessen! Der Geräuschpegel ist hoch. *Mo–Fr 13–19, Sa/So 9.30–19 Uhr | Eintritt Erw. 3, Kinder 1–2 Jahre 3, ab 3 Jahre 6 Euro, am Wochenende 1 Euro mehr | Auf dem Kiewitt 3 | dinodschungel.de | Tram 91, 94, 98 | Bus 605, 606 Auf dem Kiewitt* | ⏱ 2 Std. | 🗺 E6

55 SACROWER HALBINSEL

„Za krowje" ist Slawisch für „hinterm Busch", und so gilt es, zunächst ein wenig Wald zu durchqueren, um diesen abgelegenen Stadtteil Potsdams zu erreichen. Zu sehen gibt es ein 1840 unter Friedrich Wilhelm IV. zum Schloss aufgemöbeltes Gutshaus (geöffnet nur bei Sonderveranstaltungen, *spsg.de*) sowie eine Parkanlage aus der Gestaltungsfeder von Peter Joseph Lenné. Berühmt ist die im italienischen Stil skizzierte und von Ludwig Persius 1844 realisierte *Heilandskirche April/ Sept./Okt. Di–Do 11–15.30, Fr–So 11–16, Mai–Aug. Di–Do 11–16, Fr 11–17, Nov.–Feb. Sa/So 11–15.30, März Fr–So 11–16 Uhr | heilandskirche-sacrow.de)*, die quasi im Hafen der Havel steht. In den Jahren der Teilung lag die Kirche mitten im Grenzgebiet und wurde von der DDR-Führung zu einem Teil der Grenzbefestigung umfunktioniert. Nach der Friedlichen Revolution saniert, ist sie als Kirche nur noch für spezielle Anlässe wie Taufen oder Hochzeiten in Betrieb, Besichtigungen sind aber möglich. *Bus 697 Weinmeisterweg* | ⏱ 2 Std. | 🗺 J–K 1–2

AUSFLÜGE

In Potsdams Umland besteht die größte Herausforderung darin, sich zu entscheiden, wohin es denn zur Naherholung gehen darf.

Das wusste schon Albert Einstein zu schätzen, der als Nichtschwimmer die Seenlandschaft zwar nicht zum Baden, aber segelnd sowie die Wälder zum Spaziergang nutzen konnte. Sein Sommerhaus lässt sich in Caputh besichtigen. Etwas wilder geht es beim Baumblütenfest in Werder zu, wo sich die Brandenburger Obstanbauwiege einmal im Jahr selbst feiert.

SIGHTSEEING

Einsteinturm: Das Observatorium ist noch heute Forschungslabor

56 PFAUENINSEL

10 km/45 Min. von Potsdam Hauptbahnhof (S 7 bis Berlin Wannsee, dann Bus 218 bis Pfaueninsel, dann Fähre)

Als Mitglied der Hohenzollern konnte man alles haben, natürlich auch einen privaten Zoo. Allerdings kam erst Friedrich Wilhelm III. zu Beginn des 19. Jhs. auf diese Idee. Von dem Sammelsurium aus Lamas, Löwen und Kängurus sind heute nur die Pfauen als tierische Bewohner zurückgeblieben. Sie laufen frei in dem von Peter Joseph Lenné gestalteten Landschaftspark herum. Das weiße *Schlösschen* an der westlichen Inselspitze hatte der König schon ab 1794 für Pfauenstündchen mit seiner Geliebte Wilhelmine Enke errichten lassen. Neues wie Ruinen aussehen zu lassen fand man damals romantisch; ein verfallenes römisches Landhaus war architektonisches Ziel. Die Fassade täuscht jedoch nur Marmor vor, ist weiß angemaltes Holz und mittlerweile ganz schön mitgenommen. Daher wird aktuell bis mindestens 2024 saniert. Besucher müssen sich bis dahin mit der Außenansicht begnügen.

Besichtigen lässt sich hingegen die zeitgleich entstandene *Meierei*, für die eine gotische Klosterruine Pate stand. Sie war Teil eines damals unter Adligen hippen Schmuckbauernhofs. Beim eigenhändigen Melken träumten sie vom einfachen Leben.

Weil auf der Insel nicht nur Autos, sondern auch Fahrräder und Hunde verboten sind, eignet sie sich gut für eine kleine Auszeit im Grünen samt Pick-

AUSFLÜGE

Werder: nicht nur Vorratskammer Potsdams, sondern auch Kurzurlaubsgebiet im Grünen

INSIDER-TIPP
Kleine Detektive auf Spurensuche

nick. Für Familien hat die Stiftung Preußische Schlösser und Gärten eine Entdeckungstour zusammengestellt, die in Rätseln über die Insel und durch ihre Geschichte führt (kostenlose PDF auf der Website). *Mai–Aug. tgl. 9–20, Sept./April 9–19, Okt./März 9–18, Nov.–Feb. 10–16 Uhr; in dieser Zeit verkehrt die Fähre regelmäßig (Überfahrt: 15 Min.) | 4 Euro Fähre; Meierei: April–Okt. Sa/So 10–17.30 Uhr | Eintritt 3 Euro | spsg.de | Bus 218 Pfaueninsel |* ⏱ *4 Std. |* 📖 *L–M1*

57 WERDER (HAVEL)

15 km/10–15 Min. (RE1 oder RB1) von Potsdam Hauptbahnhof

Ob frische Kirschen oder Äpfel, Erdbeermarmelade oder Obstwein, Bolognese aus dem Glas oder Ketchup: Um den Namen Werder kommt man in Brandenburg nicht herum. Auf den Feldern und in Gewächshäusern gedeiht hier Obst und Gemüse für das gesamte Umland, was nicht nur die Wirtschaftsstruktur der Stadt mit 25 000 Einwohnern prägt. Das kleine *Obstbaumuseum (April–Okt. Mo/Di/Do/Fr 11–17, Sa/So 13–17, Nov.–März Mo/Di/Do 10–14 Uhr | Eintritt 1,50 Euro | Kirchstr. 6/7 |* ⏱ *45 Min.)* dokumentiert die landwirtschaftliche Geschichte mit vielen Gerätschaften. Größere Dimensionen hat das *Baumblütenfest* (baumblueten-fest.com), das jedes Jahr über eine Woche um den 1. Mai herum Hunderttausende Besucher zu Weinverkostung, Konzerten, Schwenkgrill-Exzess und Regattaspaß anlockt.

SIGHTSEEING

Etwas entspannter läuft der Spaziergang durch die historische Altstadt mit den einstöckigen Fischerhäusern jenseits dieses Termins. Sie liegt im Gegensatz zum Rest der Stadt nicht nur an, sondern in der Havel auf einer Insel und ist nur über eine Brücke zu erreichen. *RB 22, RB 1, RE 1 | Bus 631 Bahnhof Werder (Havel) | werder-havel.de |* 🆔 *0*

58 CAPUTH

10 km/10 Min. (RB23) von Potsdam Hauptbahnhof

Wem Potsdam zu stressig ist, der findet nur eine kurze Anreise entfernt am südlichen Ende des Templiner Sees in Caputh (5000 Ew.) Natur und Entspannung. So handhabte es schon der Große Kurfürst, der 1671 für seine zweite Ehefrau Dorothea von Brandenburg hier ein Seegrundstück mit Gutshaus erwarb. Sie sorgte dafür, dass der Bau den nötigen barocken Glanz erhielt, um als *Lustschloss (April–Okt. Do–So 10–17.30, Nov.–März Sa/So 10–16 Uhr | Eintritt 6 Euro | Straße der Einheit 2 | spsg.de |* ⏱ *1½ Std.)* durchzugehen. Die royalen Wohnräume samt Porzellankabinett lohnen den Besuch.

Erholung und Abstand von Berlin suchte auch Albert Einstein mit seiner Familie, als er sich 1929 am Waldrand ein Sommerhaus aus Holz errichten ließ. Hier unternahm er Waldspaziergänge und segelte, lud aber auch andere Wissenschaftler und Philosophen zum geistreichen Debattieren ein. Nachdem die Nationalsozialisten an die Macht gekommen waren, kehrte Einstein 1933 von einer USA-Reise nicht zurück nach Deutschland. Sein Haus wurde konfisziert und als Kindergarten sowie nach dem Krieg als Wohnhaus genutzt. Seit 1979 ist das *Einsteinhaus (April–Okt. Sa/So 10–18 Uhr | Eintritt 5 Euro nur mit Führung immer zur vollen Stunde | Am Waldrand 15–17 | einsteins sommerhaus.de |* ⏱ *2 Std.)* als Museum zugänglich.

Auch dir bietet Caputh Entspannung. Um unter Palmen auf Holzliegen am Sandstrand abzuhängen und ab und an in glasklares Wasser zu springen, muss man nicht nach Mallorca fliegen. Das *Seebad Caputh* und der *Schwielowsee* machen das in Brandenburg möglich *(Juni Mo–Fr ab 12, Sa/So ab 10, Juli/Aug. tgl. ab 10, Sept. tgl. 10–18 Uhr | Eintritt 6,50 Euro | Zum Strandbad 1 | seebad-caputh.de).* 🆔 *0*

ESSEN & TRINKEN

Süßes oder Saures? Die zentrale Frage von Kindern an Halloween stellt sich auch für Potsdam-Besucher mit Hunger und Lust, lokale Spezialitäten zu probieren. Genau diese zwei Pole machen die Küche der Brandenburger Hauptstadt aus.

Da gibt's herzhafte Hausmannskost oder vorzügliche Kuchen und Torten, gerne angeboten in Varianten mit Quark, Streuseln und Obst aus Werder, dem Anbaugebiet vor den Toren der Stadt. Auf kurze Anreisewege legen die Gastronomen auch bei Gemüse, Fleisch und Fisch Wert.

Gurkensuppe – lecker und frisch

So königlich Potsdam auch in anderen Belangen geprägt ist; beim Essen mag man es lecker, aber unprätentiös. Dazu passen die gängigen Portionsgrößen in den Varianten Kuchen in Wagenrad-Dimensionen und Pizza, die über den Tellerrand hängt. Aber wer den ganzen Tag durch Parks flaniert, braucht Energie. Abends schmecken dazu Weißwein vom königlichen Weinberg oder eine Potsdamer Stange. Das süffige, unfiltrierte Bier wurde schon vor 200 Jahren mit Gersten- sowie hellem Weizenmalz gebraut. Diese Tradition setzt die Potsdamer Braumanufaktur Templin in Bioqualität fort.

MARCO POLO HIGHLIGHTS

★ CAFÉ HEIDER
Kaffeehaustradition seit 1878 – Wiener Schnitzel und Mohn-Marzipan-Torte passen hier gut zusammen ➤ S. 72

★ CAFÉ GUAM
Paradies für Freunde des Käsekuchens ➤ S. 68

★ KADES
Schickes Ausflugslokal mit Aussicht vom Pfingstberg und deftiger, lokaler Küche ➤ S. 72

★ QUENDEL
Inspiration aus Europa trifft auf regionale Zutaten und schönes Ambiente in der Brandenburger Vorstadt ➤ S. 72

★ GENUSSWERKSTATT
Hausgemachte Nudeln an langen Holztischen im schicken Schuppen im Filmmuseum ➤ S. 75

★ ZANOTTO
Temperamentvoller Koch bietet ausgezeichnete italienische Küche ➤ S. 73

CAFÉS

CAFÉS

CAFÉ GUAM ★

Mohn? Rhabarber? Nougat? Kirschen? Waldbeeren? Rum-Rosine? Florentiner Bienenstich? Oder gar klassisch, so ganz ohne alles? Egal, womit du deinen Käsekuchen am liebsten isst, das Klassikercafé im Holländischen Viertel mit dem offensichtlichen Schwerpunkt hat die Sorte garantiert. Weil sich das unter den Freunden der Quarksüßspeisen rumgesprochen hat, ist es am Wochenende zur Kaffeezeit leider oft sehr voll hier. Komm einfach zu einer anderen Zeit. Was spricht gegen Käsekuchen zum Frühstück? Eben: nichts! *Tgl. (im Winter Di geschl.) | Mittelstr. 39 | cafe-guam.de | Tram 91, 93, 94, 96, 98, 99 | Bus 692 Platz der Einheit/Bildungsforum | Nördliche Innenstadt | ⌑ G5*

CAFÉ ET CETERA

Wer ganz still ist, kann hier die Blätter rauschen hören – bzw. die Buchseiten, die in der Bibliothek des Bildungsforums umgeblättert werden. In deren Erdgeschoss ist das bezaubernde Café mit rosa Wänden und Schnörkelstühlchen nämlich untergebracht. Während am Nebentisch Teenies ihre Hausaufgaben machen, vertilgst du selbst gebackenen Kuchen, Quiche oder Tagessuppe. Wem trotz Bildungsbürgeratmosphäre der Sinn danach steht, kann auch Cocktails ordern. *So geschl. | Am Kanal 47 | Facebook | Tram 91, 93, 94, 96, 98, 99 | Bus 692 Platz der Einheit/Bildungsforum | Nördliche Innenstadt | ⌑ G5*

CAFÉ KIESELSTEIN

INSIDER-TIPP
Erfrischend lokal

Hier ist alles bio. Und vegetarisch, zum Teil auch vegan. Und regional, wo es geht. ==Den Saft presst etwa die *Mosterei Ketzür* in Beetzseeheide aus Brandenburger Obst und Gemüse.== Der Kaffeeanbau im Umland läuft hingegen noch schleppend. Dafür stammen solche Produkte aus sozial gerechtem Handel. Und das Beste: Kuchen, Tagesgerichte sowie Frühstück, auch im Baukastensystem, schmecken – du wählst die Bestandteile einfach selbst aus! Im Sommer kann man auf einer kleinen Terrasse draußen sitzen und andere Touristen gucken. *Tgl. | Hegelallee 23 | cafe-kieselstein.de | Bus 692, 695, 697 Mauerstraße | Nördliche Innenstadt | ⌑ F5*

KAFFEERÖSTEREI JUNICK

Kaffeegourmets aufgepasst! Hier werden die Bohnen vor Ort geröstet. Nussig? Fruchtig? Aus Brasilien oder Äthiopien? Du musst dich nur entscheiden, kannst dann auch ein Päckchen davon mit nach Hause nehmen. ==Die kräftige „Potsdamer Melange" ist ein super Mitbringsel.==
INSIDER-TIPP
Coffee to give

Eine Torte, die zur Auswahl am besten passt, gibt es natürlich auch. *Tgl. | Lindenstr. 57 | Facebook | Bus 692, 695, 697 Mauerstraße | Nördliche Innenstadt | ⌑ F5*

MOSSY

Ein bisschen Bistro, eine Menge Café, dazu ein bisschen Nachbarschaftstreff: Damit hat Fanni Brinkmann, die selbst

ESSEN & TRINKEN

Im Café Guam ist alles Käse – süß, lecker, frisch

um die Ecke wohnt, sich einen Traum erfüllt. Gemütlich, sympathisch, unaufgeregt und damit genau das Richtige für die Potsdamer Studenten-Junge-Familien-Klientel. Kleine Konzerte und Ausstellungen ab und an sind das i-Tüpfelchen. *Sa/So geschl. | Geschwister-Scholl-Str. 15 | mossy-potsdam.de | Tram 91, 94, 98 | Bus 605, 606 Charlottenhof Bahnhof/Geschwister-Scholl-Straße |* Brandenburger Vorstadt *|* E6

EL CAFECITO
Kräftiger Kaffee, hausgemachter Kuchen und Eis am Stiel aus der eigenen Manufaktur: Was will man mehr? Sogar für eine **Kinderspielecke ist in dem ausgiebig begrünten Coffeeshop gesorgt.**

SIDER-TIPP: Für Kind und Kaffee

Mi geschl. | Geschwister-Scholl-Str. 93 | el-cafecito.eatbu.com | Tram 91, 94, 98 | Bus 605, 606 Charlottenhof Bahnhof/Geschwister-Scholl-Straße | Brandenburger Vorstadt *|* E6

AUF DIE SCHNELLE

KANTINE IM LANDTAG BRANDENBURG
Die Demokratie fordert von den Landtagsabgeordneten, das neu aufgebaute Stadtschloss mit den Bürgerinnen und Bürgern zu teilen. **Also nichts wie rein in die öffentlich zugängliche Kantine im vierten Stock. Der phänomenale Blick von der Dachterrasse ist inklusive.**

INSIDER-TIPP: Schlossküche mit Aussicht

Das Angebot mit vier Tagesgerichten reicht von Schweinemedaillon über Vollkornnudeln mit Walnusspesto bis Frühlingsrolle und nutzt Bioware, wo es geht. Der Wochenplan

AUF DIE SCHNELLE

Fische vom Fischerhof Potsdam

Was er mit nach Hause bringt (Aal, Forelle, Hecht, zum Beispiel), verkauft er danach frisch sowie geräuchert auf seinem Hof. Gegen den akuten Hunger helfen gemischte Räucherplatte, Fischsuppe oder frische Fischboulette. Keine Scheu, einfach durch das Tor an der langen Mauer hindurchgehen. Dem Mann bei der Räucherarbeit zuzusehen ist ausdrücklich erlaubt. *Di–Do 12–16, Fr 11–17, Sa 10–13 Uhr | Große Fischerstr. 12 | fischerhofpotsdam.de | Tram 93, 94, 99 | Bus 692 Burgstraße/Klinikum | € |* Nördliche Innenstadt *| G–H5*

BAGELS & COFFEE

Belegt und verzehrfertig, wenn es mittags mal schneller gehen muss. In dem gemütlichen Laden kannst du am Fenster sitzen und die aus Berlin importierten Bagels (wer sich auskennt: von Barcomis) verputzen. Apropos Berlin: Quinoa-Bowls, Hipster-Brause und Banana Bread stehen ebenfalls in der Theke bereit. *Mo–Fr 7–20, Sa/So 8–20 Uhr | Friedrich-Ebert-Str. 92 | bagels-potsdam.de | Tram 92, 96 | Bus 604, 609, 638 Brandenburger Straße | € |* Nördliche Innenstadt *| F5*

SOUP WORLD

Keine Brühwürfel. Keine Geschmacksverstärker. Und für alle, denen das wichtig ist, auch nichts vom Tier. Dafür jede Woche fünf verschiedene Suppen, Eintöpfe und Currys mittags zur Auswahl, und das für um die 5 Euro. Ob Spargelsuppe mit roten Linsen, Wurstgulasch oder vegane Wildpflanzensuppe: Was in eine Schüssel passt,

steht online, falls die Reiseplanung darauf abzustimmen ist. *Mo/Fr 8–14.30, Di–Do 8–10 u. 13–14.30 Uhr | Alter Markt 1 | widynski-roick.de | Tram 91, 92, 93, 96, 98, 99 | Bus 603, 604, 605, 609, 614, 631, 638, 650, 695 Alter Markt/Landtag | € |* Nördliche Innenstadt *G6*

FISCHERHOF POTSDAM

Jeden Tag fährt Fischer Mario Weber über die Havel und wirft die Netze aus.

ESSEN & TRINKEN

Unsere Empfehlung heute

Vorspeisen

SAURE GURKEN
Brandenburger Klassiker aus dem Spreewald

KARTOFFELSUPPE
Mit Lauch und saurer Sahne

Hauptgerichte

BEELITZER SPARGEL
Auf Brandenburger Sandboden gediehen,
mit Kartoffeln und geschmolzener Butter serviert

TELTOWER RÜBCHEN
Lokale, weiße Rübenart,
halbiert und mit Butter karamellisiert

MÄRKISCHER TOPF
Herzhafter Eintopf
mit Teltower Rübchen
und Rindfleisch

AAL GRÜN
Gekocht und mit
Kräuter-Mehlschwitze serviert

HAVELZANDER
Gebraten nach Müllerinnenart
mit Kartoffeln und Salat

Desserts

KÄSEKUCHEN
Mürbeteig mit
dicker Schicht
gebackenem Quark

FÜRST-PÜCKLER-EIS
Schoko-, Vanille- und Erdbeer-Sahneeis
in drei Schichten drapiert

OBST
Direkt aus Werder

Getränke

PHOENIX
Weißwein vom
Königlichen Weinberg

OBSTWEIN
Jede Sorte ist zu haben,
nur aus Obst aus Werder
muss sie sein

POTSDAMER STANGE
Mit Weizenmalz gebraute
Bierspezialität
mit 200 Jahren Tradition

POTSDAMER
Mischgetränk
aus Pils und Fassbrause

INSIDER-TIPP
Diese Suppe willst du auslöffeln

wird serviert. ☞ Nachschlag für besonders Hungrige gibt's für 1 Euro. Eine zweite Filiale steht in Babelsberg *(Garnstr. 23). Mo–Fr mittags | Lindenstr. 2 | soupworld.de | Bus 692, 695, 697 Mauerstraße | € | Nördliche Innenstadt | ⊞ F5*

HERZHAFT & GEDIEGEN

CAFÉ HEIDER ⭐🚩

Nicht irritieren lassen: Hier gibt es Kaffee, Kuchen und hausgemachten Apfelstrudel. Doch in dem Haus mit klassischem Wiener Kaffeehausstil schmecken auch Wiener Schnitzel, Brandenburger Landente und ofenfrischer Hackbraten. Ein Laden, der sich selbst „Wohnzimmer der Stadt" nennt, hat natürlich Tradition, und zwar seit 1878. Diese schätzten auch die Oppositionellen in der DDR, die sich hier während der Friedlichen Revolution 1989/90 gerne trafen. *Tgl. | Friedrich-Ebert-Str. 29 | Tel. 0331 2 70 55 96 | cafeheider.de | Tram 92, 96 | Bus 604, 609, 638 | € | Nördliche Innenstadt | ⊞ F5*

GASTHAUSBRAUEREI MEIEREI

Das ist doch …? Natürlich! Auch dieses Gebäude im Neuen Garten ist ein Architekturdenkmal mit royaler Geschichte. Friedrich Wilhelm II. ließ es 1791 von Carl Gotthard Langhans entwerfen. Die darin untergebrachte Molkerei versorgte den Hofstaat. Nach dessen Abgang wurde ein Ausflugslokal eingerichtet, und als solches funktioniert es heute wieder.

Drinnen herrscht rustikaler Schick. Noch toller ist es dank Uferlage am Jungfernsee, im Sommer im Garten zu sitzen. Ach ja, das Essen: Burger, Soljanka, Grillhaxe. Dazu ein Hausbier und, für Vegetarier, Ziegenkäse vom Grill. *Mo geschl. | Im Neuen Garten 10 | Tel. 0331 7 04 32 11 | meierei-potsdam.de | Bus 603 Höhenstraße | Nauener Vorstadt | €–€€ | ⊞ G2*

INSIDER-TIPP
Mein Bier. Mein Seeblick. Mein Gartenplatz

KADES ⭐

Wer hinuntergucken will, muss erst hochlaufen. Der Beiname „Ausflugslokal" für das Restaurant am Pfingstberg ist gerechtfertigt. Seit 30 Jahren warten neben gutem Blick liebevoll angerichtete deutsche Gerichte: Potsdamer Eisbein, Spreewälder Gurkensuppe, Fläminger Rehkeule. Da sich das rumgesprochen hat, solltest du vor allem am Wochenende reservieren, damit der Aufstieg nicht vergeblich ist. *So u. Di geschl. | Große Weinmeisterstr. 43b | Tel. 0331 29 35 33 | Facebook | Bus 603 Höhenstraße | €–€€ | Nauener Vorstadt | ⊞ G3*

ERLESEN & GEHOBEN

QUENDEL ⭐

„Vorsicht, Geschmack!" Das ist die Ansage, die das kleine, feine Restaurant in einem Nebenstraßen-Eckhaus südlich des Parks Sanssouci macht. Hier läuft man nicht vorbei, hierher muss man bewusst kommen. Das lohnt sich. Die fantasievollen Kreationen mischen Inspiration aus Europa mit regionalen Zutaten, sodass

ESSEN & TRINKEN

Thai-Curry auf Caputher Bärlauch und Roulade vom Beelitzer Maishähnchen auf Pomme Noir trifft. *Mo geschl. | Sellostr. 15a | Tel. 0331 95 14 01 88 | quendel-potsdam.de | Tram 91, 94, 98 | Bus 605, 606 Auf dem Kiewitt | €€–€€€ | Brandenburger Vorstadt |* ▯ *E5–6*

VILLA KELLERMANN

Wenn Sternekoch Tim Raue in einer alten Villa am Heiligen See ein Restaurant als Hommage an seine Großmutter eröffnet, dann kommt edle Gutbürgerlichkeit heraus. „Der gedeckte Tisch" heißt das Menü für 62 Euro, das allein aus fünf Vorspeisen wie geräuchertem Aal mit Birne oder Kartoffel mit Leinöl und Saiblingskaviar besteht. Ziel ist, wie schon bei Raues Oma, dass niemand hungrig vom Tisch aufsteht. Wer lieber selbst sein Essen zusammenstellt, kann aufgepimpte Klassiker wie Königsberger Klopse auch einzeln ordern. Vom Weingut des Mitgründers Günther Jauch stammt ein Teil der Weinauswahl. *Mi–Fr 18–21.30, Sa/So 12–14 u. 18–21.30 Uhr | Mangerstr. 34 | Tel. 0331 20 04 65 40 | villakellermann. de | Tram 93 Mangerstraße | €€–€€€ | Berliner Vorstadt |* ▯ *G4*

INSIDER-TIPP: Weinbau kann Jauch auch

ZANOTTO ★

Wenn Chris Zanotto an den Tisch tritt und fragt, ob er etwas empfehlen dürfe, gibt es nur eine Antwort: auf jeden Fall! Der Mann weiß, wie man all die tollen Zutaten der italienischen Küche miteinander sowie mit einem

Café Heider: wenn das „Wohnzimmer der Stadt" sich nach draußen verlegt

73

AUS ALLER WELT

guten Glas Wein kombiniert. Da alles frisch und saisonal ist, wechselt die kleine Karte ständig. *Di geschl. | Dortustr. 53 | Tel. 0331 23 54 74 06 | zanottopotsdam.de | Tram 91, 94, 98 | Bus 605, 614, 650, 692, 695, 697 Dortustraße | €€–€€€ | Nördliche Innenstadt | F5*

AUS ALLER WELT

LAILA

Zu zweit (oder sehr hungrig) unterwegs? Dann ist die Überraschungsplatte das Beste, um die ganze Palette der persischen Küche zu genießen. Kleiner Spoiler: geschmortes oder am Spieß gegrilltes Fleisch, gefüllte Teigtaschen mit Quark-Linsen-Soße oder Safranreis mit kandierten Orangenschalen gehören dazu. Das Durchprobieren lohnt sich, und es sitzt sich in dem Familienrestaurant mit orientalischem Flair auch sehr schön. *Mo geschl. | Lindenstr. 56 | Mobiltel. 0152 1 79 69 95 | laila-potsdam.com | Tram 91, 94, 98 | Bus 605, 614, 650, 692, 695, 697 Dortustraße | €€ | Nördliche Innenstadt | F5*

INDIA HAUS

Im wahrsten Sinne des Wortes ist dies der erste Inder am Platz, nämlich am Jägertor. Die Klassiker wie Lammcurry oder Palak Paneer werden gut gewürzt, sind also nicht für überempfindliche Gaumen, aber für Europäer noch verträglich. Bhatura-Brot und Reis sind im Preis inbegriffen. *Tgl. | Hegelallee 44 | Tel. 0331 2 80 48 13 | india-haus-in-potsdam.de | Bus 692, 695, 697 Mauerstraße | €–€€ | Nördliche Innenstadt | F5*

WAIKIKI BURGER

Der Name verpflichtet: Surfbrett-Deko, Palmenwedel, Stoffpapageien, und begrüßt wirst du mit „Aloha!" Mehr Hawaii als in diesem Wintergarten geht in Potsdam wahrlich nicht. Zum Glück musst du kein Baströckchen tragen, sondern kannst dich entspannt zurücklehnen und zwischen „Waikiki-Burger" mit Macadamia Beef im Chia-Bun oder der veganen Variante „Sunshine" mit Aubergine und Kichererbsen-Oliven-Paste wählen. Das Craft Beer wird von der Kona Brewing Company direkt aus Hawaii importiert.

Wo man köstlich Italienisch isst: Genusswerkstatt

ESSEN & TRINKEN

INSIDER-TIPP
Mittagspause auf Hawaii

☛ Sparfüchse kommen Dienstag bis Freitag mittags zu Burger, Pommes, Softdrink für 7,50 Euro zum Lunch. *Tgl., Mo nur abends | Dortustr. 62 | Tel. 0331 86 74 54 15 | waikiki-burger.de | Tram 92, 96 | Bus 604, 609, 638 Brandenburger Straße | € | Nördliche Innenstadt | ⊞ F5*

CRÊPERIE LA MADELEINE

Die meinen es ernst mit dem französischen Flair! Daher stammt das Mehl für die Galettes, die herzhaften Buchweizen-Pfannkuchen, auch von einer Mühle in der Bretagne. Beim Belag muss man sich aus der riesigen Auswahl von Roquefort mit karamelisierten Apfelscheiben bis Bratkartoffeln mit Speck entscheiden. Der Crêpe aus Weizenmehl wird mit hausgemachtem Fruchtmus, frischer Feige oder mit flambiertem Obst und Calvados serviert. *Tgl. | Lindenstr. 9 | Tel. 0331 2 70 54 00 | creperie-potsdam.de | Bus 692, 695, 697 Mauerstraße | Nördliche Innenstadt | €–€€ | ⊞ F5*

CHI KENG

Der minimalistisch eingerichtete Laden gleich hinter dem Brandenburger Tor bietet japanische und vietnamesische Küche und ist nebenher auch bei Potsdamer Promis beliebt. Hübsch anzusehen, wie das Sushi auf schicken Schieferplatten präsentiert wird. Ganz leer sollte die Reisekasse für den Besuch jedoch nicht sein. Außerdem gut zu wissen: Reservieren geht nicht. Die freundlichen Kellner

finden aber meist noch ein Plätzchen. *Tgl. | Luisenplatz 3 | Tel. 0331 95137757 | chikeng.de | Tram 91, 94, 98 | Bus 605, 606, 610, 631 Luisenplatz Süd/Park Sanssouci | €€–€€€ | Brandenburger Vorstadt | ⊞ F5*

TRATTORIA ZILLE

Aber selbstverständlich sind die Tischdecken hier rot-weiß kariert und der Kellner flirtet auf Italienisch. Wie es sich halt gehört beim örtlichen Stammitaliener, denn so fühlt man sich im Babelsberger Zentrum: wie daheim. Die Küche kann derweil international mithalten und bietet neben Pizza Feines wie Bandnudeln mit Doradenfilet oder Rumpsteak mit Aubergine und Parmaschinken. *Tgl. | Karl-Liebknecht-Str. 19 | Tel. 0331 7 40 06 66 | trattoria-zille.de | Tram 94, 99 | Bus 601, 616, 690, 693, 694 Rathaus Babelsberg | €€ | Babelsberg Nord | ⊞ J6*

GENUSSWERKSTATT ★

Linguine, Penne oder Spaghetti? Mit Räuchertofu? Scampi? Oder jungem Lauch? Solchen Fragen musst du dich im schicken Schuppen mit den langen Holztafeln und der offenen Küche, untergebracht im Filmmuseum, stellen. Weitere italienische Klassiker gibt es auch, aber die selbst gemachte Pasta ist Signature Dish und daher geradezu Pflicht. *Tgl. | Breite Str. 1a | Tel. 0331 74 03 77 07 | genusswerkstatt-potsdam.jimdo.com | Tram 91, 92, 93, 96, 98, 99 | Bus 603, 604, 605, 609, 614, 631, 638, 650, 695 Alter Markt/ Landtag | €–€€ | Nördliche Innenstadt | ⊞ F–G6*

SHOPPEN & STÖBERN

Die handgetöpferte Tasse aus dem Brandenburger Umland. Der einzigartige Pullover, vor Ort design und fair gefertigt. Der historische Roman, den man im Internethandel nie entdeckt hätte: All das bietet Potsdam Einkaufsfreunden in der Innenstadt.

Keine Sorge: Entlang der Brandenburger Straße als Haupt-Shoppingroute (manche nennen sie „Boulevard") finden sich auch die üblichen Ketten und ein Kaufhaus. Doch der eigentliche Spaß wartet in unzähligen Boutiquen und Lädchen in den Nebenstraßen und

Bummeln im Holländischen Viertel

verwinkelten Höfen. Diese verfügen über kein riesiges Angebot, das ist dafür aber ausgewählt. Weil die Chefs gerne selbst hinter den Tresen stehen, erfolgt das Stöbern kenntnisreich betreut.
Auf Preußen-Fans warten zudem jenseits des Zentrums die Museumsshops der unzähligen Schlösser. Schürzen mit royalem Motiv und den Alten Fritz als Porzellanbüste kann man schließlich immer gebrauchen. Schlossparkmode und hübsche Mitbringsel wie Spreewälder Marmelade oder Senf bieten darüber hinaus die Läden des Kronguts Bornstedt.

WO POTSDAM SHOPPT

BORNIM

BORNSTEDTER FELD

NAUENER

VORSTADT

L901

B273

Kirschallee

BORNSTEDT

JÄGER-VORSTADT

Maulbeerallee

Park Sanssouci

BRANDENBURGE STRASS

Stöbern u staun in Boutiqu

Rathaus

von Kittel ★

Nauener Tor

Genna d'Oro ★

Potsdamer Lakritzkontor ★

Karstadt Potsdam - Stadtpalais ★

Platz der Einheit/West

BRANDENBURGER VORSTADT

Breite Straße

INNENSTADT

Feuerbachstraße

Schloss Charlottenhof

Bahnhof Charlottenhof

Alter Markt/Landtag

Friedrich-List

POTSDAM WEST

S Potsdam Hauptbahnhof

B1

Im Bogen

HERMANNSWERDER

Voderkappe

Brauhausberg

PARK SANSSOUCI

Devotionalien für Royalisten und Preußen-Fans in Museumsshops

TEMPLINER VORSTADT

TELTOWER VORSTADT

BAHNHOFS-PASSAGE POTSDAM

Zentral Einkaufszentru mit Kino ur Gleisanschlu

Templiner See

B2

750 m
820 yd

MARCO POLO HIGHLIGHTS

★ **GENNA D'ORO**
Das Goldschmiedehandwerk lebt! Einzelstücke und individuelle Anpassung nicht nur von Eheringen ➤ S. 84

★ **VON KITTEL**
Ökologische Mode, von Potsdamer Designerinnen vor Ort genäht ➤ S. 83

★ **POTSDAMER LAKRITZKONTOR**
300 Sorten Lakritz: Bonbons, Lakritzschnaps und -zahnpasta ➤ S. 81

★ **KARSTADT POTSDAM – STADTPALAIS**
Shoppen im Jugendstil-Kaufhaus mit Lichthof und denkmalgeschützter Fassade ➤ S. 85

BÜCHER

BÜCHER

BUCHLADEN SPUTNIK

Hier ist ein ehrenamtliches Kollektiv am Werk. Statt Spiegel-Bestseller gibt es sozialkritische Graphic Novels, Kinderbücher für starke Mädchen und eine tolle Auswahl osteuropäischer Literatur. Sorge vor übereifrigen Karl-Marx-Jüngern muss niemand haben, denn die Mischung aus Alternative und Mainstream passt. *Mo–Fr 13– 19 Uhr | Charlottenstr. 28 | buchla den-sputnik.de | Tram 91, 94, 98 | Bus 605, 614, 650, 692, 695, 697 Dortu straße | Nördliche Innenstadt | ⌑ F5*

VIKTORIAGARTEN BUCHHANDLUNG ☂

Hier findest du alles, was wichtig ist: einen Kiezbuchhandel, ein Café und nicht zuletzt einen Nachbarschaftstreff.

> **WOHIN ZUERST?**
>
> Kreditkarte gezückt und nichts wie auf den Shopping-„Boulevard" **Brandenburger Straße** (⌑ F5). Von dort einfach Richtung Norden und Süden in die Gassen treiben lassen. Keine Scheu, die kleinen Läden wollen alle betreten werden! Architektonisch schön sind die Hinterhof-Formationen wie das Luisenforum zwischen Brandenburger Straße und Hermann-Elflein-Straße oder der angrenzende Lindenhof. Bei schlechtem Wetter warten die Shoppingcenter im Hauptbahnhof.

Das war den beiden Freundinnen Andrea Schneider und Stefanie Müller wichtig, als sie den Laden vor knapp zehn Jahren eröffneten. Sie garantieren eine tolle Auswahl für Stöberfreunde. Regelmäßige Lesungen gibt's auch. *Geschwister-Scholl-Str. 10 | Facebook | Regionalbahn | Tram 91, 94, 98 | Bus 580, 605, 606, 610, 631 Potsdam Charlottenhof | Brandenburger Vorstadt | ⌑ E6*

DELIKATESSEN

KRONGUT BORNSTEDT

Das einstige Rittergut der preußischen Königsfamilie hat einiges zu bieten – z. B. Biergarten und Spielplatz. Der Gutsladen mit lokalen Spezialitäten ist daher nur ein Aspekt, der den Besuch lohnenswert macht. Zudem verkauft Ursula Klosa hier ihre Schlosssparkmode –

INSIDER-TIPP
Gut behütet

Hüte im Stil der 1920er-Jahre und royale Gewänder, individuell gestaltet und von Hand gefertigt. *Ribbeckstr. 7 | krongut-bornstedt.de | Tram 92 | Bus 612, 614, 692, 697, 698 Kirschallee | Bornstedt | ⌑ D4*

A SLICE OF BRITAIN

Holländer, Russen, Franzosen-Hugenotten bereicherten das Potsdamer Leben – fehlen eigentlich nur noch die Briten. Die haben es sich im Hinterhof gemütlich gemacht. Der angenehme Laden hat neben Orangenmarmelade und Gin natürlich alles für die obligatorische Tea-Time im Angebot. Wer mag, verzehrt diese mit Scones gleich im angeschlossenen Café vor Ort. Das

SHOPPEN & STÖBERN

INSIDER-TIPP
Fürs Frühstück ist es nie zu spät

Full English Breakfast wird wie jedes Frühstück den ganzen Tag serviert. Mo geschl. | Dortustr. 53 | asliceof britain.de | Tram 91, 94, 98 | Bus 605, 614, 650, 692, 695, 697 Dortustraße | Nördliche Innenstadt | F5

POTSDAMER LAKRITZKONTOR ★

Hass oder Liebe, dazwischen gibt's nichts, was Lakritzgeschmack angeht. Alle, die Letzteres empfinden, kommen um diesen Laden nicht herum. Seit 2003 füllt Dietmar Teickner seine Bonbongläser mit Lakritzspezialitäten aus aller Welt. Hardcore-Fans bevorraten sich zudem mit Lakritzlikör, Lakritzhonig, Lakritzchips und Lakritzzahnpasta. Vor dem Einkauf erst mal probieren, um in der Fülle das Richtige für sich zu finden. *Jägerstr. 21 | lakritzkontor.de | Tram 92, 96 | Bus 604, 609, 638 Brandenburger Straße | Nördliche Innenstadt | F5*

Nicht nur für Kinder: Katjes macht Kunden glücklich

nisten.de | Tram 92, 96 | Bus 604, 609, 638 Brandenburger Straße | Nördliche Innenstadt | F5

DIE ESPRESSIONISTEN

Die Siebträgermaschinen, die der Potsdamer Kaffeeliebhaber Patrick Großmann in seinem Laden anbietet, sind zugegebenermaßen zu groß fürs Rückreisegepäck. Aber für die schönen Espressodosen mit den eigenen Marken – oder wie Großmann sagt: Signature-Blends – wie „Edelschwarz" oder „Tassengold" findet sich immer Platz. Welche es sein soll, klärt die Kaffeeverkostung zuvor im angeschlossenen Café *(Mo-Fr 9-18, Sa 10-17 Uhr)*. *Mo-Fr 10-14 u.15-18, Sa 10-16 Uhr | Gutenbergstr. 27 | espressio*

GLÄSERNE BONBONFABRIK

Im grauen Industriegebiet tief im Osten hat der Süßwarenhersteller Katjes den Kindertraum einer gläsernen Bonbonfabrik versteckt. Von einer Empore aus kann man den Bonbons und Gummitieren beim Wachsen zusehen. Im ❤ Werksverkauf gibt es sie im Anschluss in großen Mengen zu kleinen Preisen zum Mit-nach-Hause-Nehmen. Am Wochenende gibt's keine Produktion. *Wetzlarer Str. 96-106 | katjes.de | Regionalbahn | Bus 601, 619, 690, 696 Medienstadt Babelsberg | Babelsberg Süd | L7-8*

KOSMETIK

SAUBERKUNST

Ökos riechen längst nicht mehr nach Patchouli, sondern frisch nach Kokos, Meeresbrise oder Traumzauberbaum. Zumindest, wenn sie sich vorher in diesem Hinterhofladen eingedeckt haben. Die Haar-, Hand- und Bartseifen sind vegan, palmölfrei und werden von Hand in Brandenburg gefertigt. Zudem machen sie viel weniger Verpackungsmüll als die Shampoos aus der Drogerie. Aluminiumfreie Ökodeos, Parfüms und Badebomben gibt es auch. *Dortustr. 53 | sauber kunst.de | Tram 91, 94, 98 | Bus 605, 614, 650, 692, 695, 697 Dortustraße |* *Nördliche Innenstadt | ⌑ F5*

MÄRKTE

FLOH- UND BAUERNMARKT AUF DEM WEBERPLATZ

Gemüse trifft Krimskrams. Der kleine Markt passt perfekt ins beschauliche Zentrum von Babelsberg. *Sa 7–13 Uhr | Weberplatz | S 7 | Tram 94, 99 Babelsberg |* *Babelsberg Nord | ⌑ J6*

WOCHENMARKT AM BASSINPLATZ

Regionales Gemüse, örtliches Backwerk, frischer Fisch und ordentlich Obst – ein sympathischer Wochenmarkt halt. Auf diesem versorgen sich die Potsdamer auch mit Schnittblumen, Lederwaren und Currywurst für den Direktverzehr. *Mo–Fr 7–16, Sa 7–13 Uhr | Am Bassin 6 | Bus 603, 692 Bassinplatz |* *Nördliche Innenstadt | ⌑ G5*

MODE

KAUFRAUSCH POTSDAM

Bunte Kleider, hübsche Hemden und der Beweis, dass Filzpantoffeln durchaus hip sein können. Das Klamottengeschäft zeichnet sich nicht nur durch seinen ausgefallenen Einrichtungsgeschmack aus (die Hirschgeweihlampe!), sondern auch durch Stil, Spaß an ungewöhnlicheren Marken und Farbenfrohsinn. *Lindenstr. 16 | Facebook | Tram 91, 94, 98 | Bus 605, 614, 650, 692, 695, 697 Dortustraße |* *Nördliche Innenstadt | ⌑ F5*

LIEBLINGSLADEN BY ANATARA

Ein gewebtes Cape für die Übergangszeit, Cowboystiefel oder ein Kleid mit Kirschdruck genehm? Regionale Designer und internationale Marken werden von Inhaberin Anatara Elke Dusin persönlich mit motivierenden Worten an die Frau gebracht. Sie versteht sich auf genau den richtigen Zuspruch, den die Entscheidung für außergewöhnliche Mode braucht. Sorry, Männer: Für euch gibt es hier leider nichts. *Mittelstr. 5 | anatara.de | Tram 92, 96 | Bus 604, 609, 638 Nauener Tor |* *Nördliche Innenstadt | ⌑ G5*

HERRENZIMMER

Wer in einen Anzug von Hugo Boss oder Joop investiert, der sollte sich vorher gut beraten lassen. Dafür wird hier bestens gesorgt. Falls gerade keine Hochzeit oder der nächste Businesstermin ansteht, findet sich auch legere Alltagskleidung mit Schick, etwa von Scotch & Soda. *Brandenburger Str. 69 | herrenzimmer-potsdam.*

SHOPPEN & STÖBERN

Samstags auf dem Bauernmarkt am Weberplatz – und der Gurkensnack ist gesichert

de | Tram 91, 94, 98 | Bus 605, 606, 610, 631 Luisenplatz-Süd/Park Sanssouci | Nördliche Innenstadt | F5

DNS – DEINE NEUEN SCHUHE
Keine Sorge, mit der komplizierten genetischen DNS hat das nichts zu tun. Das Kürzel steht für „Deine neuen Schuhe", und ohne gehst du hier nicht raus. Zumindest, wenn du die Kombination aus trendig und bequem schätzt, die etwa Marken wie Gola, Vagabond oder die Berliner Schuhmacher von Zeha versprechen, die den Sportschuhen der DDR-Olympioniken neues Leben eingehaucht haben. Dortustr. 14 | Facebook | Tram 91, 94, 98 | Bus 605, 614, 650, 692, 695, 697 Dortustraße | Nördliche Innenstadt | F5

WHOOPPIE
Angst vor Altkleider-Container-Schick muss in Karin Lingners Laden niemand haben, denn was aus der Mode gekommen ist, nimmt sie gar nicht erst für ihren Secondhandshop an. Es landen nur gut erhaltene und modische Stücke auf den Stangen des aufgeräumten Geschäfts. Ein kleines Sortiment mit neuer Kleidung gibt es seit einiger Zeit auch. Lindenstr. 4 | whooppie.de | Tram 91, 94, 98 | Bus 605, 614, 650, 692, 695, 697 Dortustraße | Nördliche Innenstadt | F5

BLEIB SAUBER!
Fair und vegan, recycelt und ökologisch korrekt: Wem bei der Auswahl der neuen Lieblingsjeans neben dem perfekten Sitz auch all das wichtig ist, wird fündig. Für Männer wie Frauen und vor allem: nicht trutschig, sondern im Trend. Lindenstr. 5 | Facebook | Bus 692, 695, 697 Mauerstraße | Nördliche Innenstadt | F5

VON KITTEL ★
Klassisch, aber nie langweilig. Ökologische, hochwertige und zumeist in Deutschland produzierte Stoffe. Im

SCHMUCK

Potsdamer Atelier als Einzelstück oder Kleinserie genäht. All das bietet das Label von Textildesignerin Anja Pruggmayer und Modedesignerin Mirjem Thielecke. Das ist nicht ganz günstig. Dafür gibt es ein gutes Gewissen kostenlos dazu. *Gutenbergstr. 23 | vonkit tel.de | Tram 92, 96 | Bus 604, 609, 638 Brandenburger Straße |* Nördliche Innenstadt *|* F5

SCHMUCK
GENNA D'ORO ★

Verlobungsringe, Ohrringe mit Bernstein und die beeindruckenden Colliers werden als Unikate vor Ort geschmiedet. Vorteil: Deine edlen Vorlieben können individuell berücksichtigt werden. Wenn die Entscheidung für den Armreif Bedenkzeit braucht, wartet im angeschlossenen Café etwa hausgemachtes Tiramisu. *Mo geschl. | Hermann-Elflein-Str. 8–9 | gennadoro.com | Bus 692, 695, 697 Mauerstraße |* Nördliche Innenstadt *|* F5

Goldschmiedecafé Genna d'oro: Kostbares und Köstliches

KETTENCHAOSDESIGN

Daniela Schwung mag es bunt, ausgefallen, einzigartig – und ein klein bisschen chaotisch. Die größere Herausforderung in ihrem Laden ist daher, bei all den tollen Schmuckstücken die Übersicht nicht zu verlieren. Falls dir all diese Kreativität Lust machen sollte, selbst Hand anzulegen: Jeden Samstag 14–17 Uhr bieten dir Workshops Gelegenheit dazu (vorher anmelden!). Achtung: Auch mit den Öffnungszeiten nimmt es Schwung nicht immer ganz genau. *Benkerstr. 16 | kettenchaosdesign. de | Tram 92, 96 | Bus 604, 609, 638 Nauener Tor |* Nördliche Innenstadt *|* G5

INSIDER-TIPP: Ketten kreieren kann ich

WOHNEN & DESIGN
TISCH FÜR ZWEI

Auf den Tisch kommt nicht nur Essen, sondern auch Teller, Tasse, Teekanne, Messer – ach ja: und einen Tisch braucht es auch. Das alles gibt es in dem Laden mit Faible für skandinavisches Design und all jene Kleinigkei-

SHOPPEN & STÖBERN

ten, die den Alltag süßer machen. Perfekt, um sich zurück zu Hause beim Wein von der neuen Karaffe an den Potsdam-Urlaub erinnern zu lassen. *Lindenstr. 7 | tischfuer2.de | Bus 692, 695, 697 Mauerstraße |* *Nördliche Innenstadt* *| F5*

TANTE PAULA
Die Tante weiß, was schick und schön ist. Diese eine, kuschelige Decke zum Beispiel, getöpferte Tassen und witzige geringelte T-Shirts. Was in ihrem Laden an Mode und Accessoires angeboten wird, sucht Judith Wilms mit Bedacht und Liebe aus. *Benkertstr. 11 | bei-tante-paula.de | Tram 92, 96 | Bus 604, 609, 638 Nauener Tor |* *Nördliche Innenstadt* *| G5*

FREUDENHAUS
Hier geht es um das Glücksgefühl, das Schmücken und Schenken bereitet. Lichterkette aus Gummibaum, dänischer Rüschen-Regenschirm oder Portemonnaie im Blümchen-Look gefällig? Im Freudenhaus gibt es alles, was Freude macht – und Freunde. Denn ein hübsches Schminktäschchen mit „Potsdame"-Stickerei finden auch Daheimgebliebene gut. *Lindenstr. 53 | freudenhaus-potsdam.de | Tram 91, 94, 98 | Bus 605, 614, 650, 692, 695, 697 Dortustraße |* *Nördliche Innenstadt* *| F5*

ZENTREN

KARSTADT POTSDAM – STADTPALAIS ⭐
Ein Kaufhausklassiker als Einkaufstipp klingt komisch – bis man den Laden betritt und den Blick zur Decke hebt. Wow! Sie ist aus Glas mit Jugendstilornamenten und lässt die Sonne in den großen Lichthof scheinen, um den sich die Einkaufsetagen sortieren. Die Fassade des 1905 errichteten Warenhauses steht unter Denkmalschutz. So architektonisch beeindruckend shoppt es sich bei Karstadt sonst wohl kaum. *Brandenburger Str. 49/52 | karstadt.de | Tram 92, 96 | Bus 604, 609, 638 Brandenburger Straße |* *Nördliche Innenstadt* *| F5*

STERN-CENTER
Bei aller Liebe zu kleinen Geschäften: Manchmal kommt man an einem Einkaufszentrum nicht vorbei. Das Stern-Center ist das größte der Stadt, mit Filialen aller typischen Marken und Läden, die man auch andernorts schätzt. Das Center liegt am Stadtrand, aber diverse Buslinien fahren dich direkt vor die Tür. *Stern-Center 1–10 | stern-center-potsdam.de | Bus 118, 602, 619, 690, 715, 750 Stern-Center/Nuthestraße |* *Drewitz* *| M–N8*

BAHNHOFSPASSAGE POTSDAM
Reisen alleine reicht nicht zum Leben. Daher kannst du dich beim Um- und Einsteigen im Bahnhof bei gängigen Anbietern mit Spielwaren, Schuhen, Mode und, und, und versorgen. Bloß nicht den Zug verpassen! *Babelsberger Str. 16 | bahnhofspassagen-potsdam.de | Potsdam Hauptbahnhof |* *Südliche Innenstadt* *| G6*

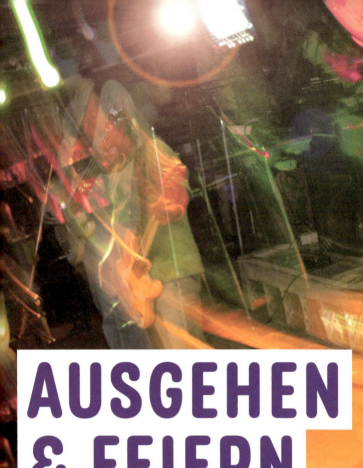

AUSGEHEN & FEIERN

Den Stress mit Türstehern und Partys, die nicht vor fünf Uhr in der Früh beginnen, sollen sich die Clubber gern in der großen Nachbarstadt geben. In Potsdam mag man es auch am Abend beschaulicher, aber dafür mit umso mehr Stil.

Die Bars kombinieren gemütliche Übersichtlichkeit mit großer Cocktailauswahl. In rustikalen Kneipen kommt das Bier gerne aus sympathischen Brauereien aus der Region. Weil sich die meisten Läden im Zentrum befinden, ist Ausgeh-Hopping kein Problem – einfach von Kneipe zu Kneipe ziehen.

In Potsdam vibriert das Nachtleben

Weniger feiern, mehr schauen? Am Hans-Otto-Theater bringt das 25-köpfige Ensemble Klassiker wie Modernes auf die weltbedeutenden Bretter. Intendantin Bettina Jahnke legt Wert darauf, dass die Stücke nicht abgehoben, sondern für alle zugänglich sind.
Du stehst auf bewegende Performance? Auf Indie-Bands? Auf Kabarett? Auch dann ist in Potsdam für dich gesorgt. Zudem verpflichtet der Ruf als Filmstadt. In historischen Häusern bieten zwei Programmkinos Ausgewähltes aus aller Welt sowie Schätze aus dem Archiv, etwa Stummfilme mit Livemusik.

WO POTSDAM AUSGEHT

JÄGERVORSTADT

nlertstraße

Mauerstraße

Jägerallee

B2

Hegelallee

Friedrich-Ebert-Straße

Mittelstraße

T Nauener Tor

📍 **Bar Fritz'n** ⭐

Schopenhauerstraße

Hermann-Elflein-Straße

Gutenbergstraße

Dortustraße

Jägerstraße

Am Bassin

Brandenburger Straße

T Brandenburger Straße

Charlottenstraße

NÖRDLICHE INNENSTADT

Charlottenstraße

Lindenstraße

T Dortustraße

T Platz der Einheit/Nord

T Platz der Einheit

Nikolaisaal ⭐ 📍

T Platz der Einheit/West

Platz der Einheit

T Luisenplatz Süd/ Park Sanssouci

Schopenhauerstraße

Yorckstraße

Friedrich-Ebert-Straße

T Platz der Einheit/ Bildungsforum

Dortustraße

B1   B2

Breite Straße

Kiezstraße

Dortustraße
Hofbauerstraße

T Alter Markt/Landtag

Am Lustgartenwall

Lustgarten

NÖRDLICHE INNENSTADT
Cocktails schlürfen und
beim Bier versacken in
den Altstadtgassen

Havel

200 m
219 yd

KUNST- UND KULTURQUARTIER SCHIFFBAUERGASSE

Tanz, Theater, Tango-Workshop: von Unterhaltung bis Hochkultur

SÜDLICHE INNENSTADT

MARCO POLO HIGHLIGHTS

★ WASCHHAUS
Bands aus Potsdam, Deutschland und der Welt rocken die frühere königliche Wäscherei. Lesungen, Comedy und Poetry Slams gehören auch zum Programm ➤ S. 93

★ HANS-OTTO-THEATER
Stadttheater mit politischen wie künstlerischen Ambitionen, mehreren Spielstätten und Nachwuchsangebot ➤ S. 94

★ FABRIK POTSDAM
Tanz von und für Zeitgenossen. Mit international bestem Ruf ➤ S. 94

★ NIKOLAISAAL
Außen Rokoko, innen Kletterhallen-Ambiente. Hier gibt's nicht nur klassische Konzerte ➤ S. 93

★ BAR FRITZ'N
Perfekte Drinks für alle Trinkvorlieben, stilvoll serviert ➤ S. 90

BARS

BAR FRITZ'N ⭐

Unter goldener Beleuchtung, die auf freigelegte Backsteinwände und eine hölzerne Einrichtung scheint, trinkt es sich stilvoll. Hier einen schnöden Mojito zu bestellen, wäre ein Fehler. Damit würdest du gefühlt Hunderte ungewöhnlichere Drinks verschmähen. Etwa einen Apple Sin, der zum Rum Apfelsaft, Zimt und Vanillesirup kombiniert. Wer fragt, bekommt das Getränk empfohlen, das am besten zu den eigenen Trinkvorlieben passt. Die Cocktail-Crew weiß, was sie tut, und sorgt für Wiederholungstäter mit einer Saisonkarte, die Abwechslung garantiert. *Tgl. ab 18 Uhr | Dortustr. 6 | barfritzn.de | Tram 92, 96 | Bus 604, 609, 638 Nauener Tor | Nördliche Innenstadt | ⌑ F5*

WOHIN ZUERST?

Welche Abendgestaltung darf's denn sein? Für gekühlte Getränke und ein gepflegtes Gespräch an der **Haltestelle Dortustraße** (⌑ F5) aussteigen, erst ins Olga oder die Bar Gelb und dann weiter durch die Gassen der Innenstadt ziehen. Dort kann man zwischen stylishen Bars und legeren Studentenkneipen wechseln. Hoch- und Popkultur in Form von Theaterabenden, Rockkonzerten oder experimentellem Tanz sind in den Veranstaltungsstätten des Kunst- und Kulturquartiers Schiffbauergasse zu Hause.

BAR GELB

An Caféhaustischen lassen sich statt Kaffee auch sehr gut Cocktails und diverse Sorten Craft Beer genießen. Letzteres gibt's gezapft und aus der Flasche, das Sortiment wird regelmäßig durchgetauscht. Das wissen Potsdams Studenten zu schätzen, die hier gerne ins Wochenende starten. Im angenehm angeschrammelten Innenraum röhrt dazu ein Hirsch von der bemalten Wand. Im Hof ist es im Sommer lauschig. Wer gerne Dinge besser weiß, kommt zum Pubquiz, das regelmäßig steigt (Termine siehe Website). *Tgl. ab 19 Uhr | Charlottenstr. 29 | bargelb.de | Tram 91, 94, 98 | Bus 605, 606, 614, 650, 692, 695, 697 Dortustraße | Nördliche Innenstadt | ⌑ F5*

> **INSIDER-TIPP**
> Na, rate mal!

UNSCHEINBAR

Den schmalen Laden mit der langen Theke an der großen Straße übersieht man leicht. Großer Fehler! Zu den leckeren Cocktails zu fairen Preisen wird kostenlos Salzgebäck gereicht. Wer lieber frisch Gezapftes wie die lokale Bierspezialität Potsdamer Stange trinkt, kommt ebenfalls gern hierher. Feierabend wird erst dann gemacht, wenn auch der Letzte nach Hause gehen mag. *Mo–Sa ab 19 Uhr | Friedrich-Ebert-Str. 118 | unscheinbar-potsdam.de | Tram 91, 92, 93, 94, 96, 98, 99 | Bus 692 Platz der Einheit/Bildungsforum | Nördliche Innenstadt | ⌑ F-G6*

WASCHBAR

Andernorts war die Kombination aus Waschsalon und Gastronomie nicht

AUSGEHEN & FEIERN

Filme aus der Mottenkiste gibt's im Kino im Filmmuseum nicht

nur für die Wartenden ein Trend. In Potsdam ist daraus eine Institution geworden. In der Bar im alternativen Viertel der Stadt gibt es neben soliden Getränken auch Burger und Snacks. Anzug und Cocktailkleid gerade in der Wäsche? Nicht schlimm; hier steht man auf locker-lässig. Regelmäßig wird Musik gemacht. *Mo–Sa 15–1, So 10–1 Uhr | Geschwister-Scholl-Str. 82 | Tram 91, 94, 98 | Bus 605, 606 Charlottenhof Bahnhof/Geschwister-Scholl-Straße |* *Brandenburger Vorstadt* | E6

KINO

THALIA PROGRAMMKINO

Die Potsdamer Kino-Ikone wurde 1918 noch während des Ersten Weltkriegs mit einem Operettenfilm eröffnet. In der DDR fanden hier oft Premieren statt, etwa vom später verbotenen DEFA-Werk „Spur der Steine". Heute gibt es ein erlesenes Programm, bei dem sich Anspruch und Unterhaltung die Waage halten. Groß ist das Herz für Familien: Für die Reihe „Spatzenkino" wird regelmäßig ein Kurzfilmprogramm für Vorschulkids präsentiert. Dienstags um 10.30 Uhr können Eltern zum Kinderwagenkino den Buggy in den Kinosaal rollen und vom gedämpften Ton und familienfreundlichen Eintritt (6 Euro) profitieren. *Rudolf-Breitscheid-Str. 50 | Tel. 0331 74 3 70 20 | Eintritt 10 Euro | thalia-potsdam.de | Tram 94, 99 S Babelsberg/Wattstraße |* *Babelsberg* | J6

INSIDER-TIPP: Eltern sein und Cineast bleiben

KINO IM FILMMUSEUM

Historische Schinken aus dem Archiv werden für das Programm mit ausge-

KNEIPEN & BRAUHÄUSER

wähltem Zeitgenössischen und am Wochenende um 15 Uhr mit 👥 Kinderfilmen kombiniert. Regelmäßig schauen Filmemacher zum Publikumsgespräch vorbei. Zum Wiedersehen mit Stummfilmklassikern wird auf einer Kino-Orgel Livemusik gespielt. *Mo geschl. | Tel. 0331 2 71 81 12 | Breite Str. 1a | Eintritt 6 Euro, Stummfilm mit Livemusik 10 Euro | filmmuseum-potsdam.de | Tram 91, 92, 93, 96, 98, 99 | Bus 603, 604, 605, 614, 631, 638, 650, 695 Alter Markt/Landtag |* Nördliche Innenstadt *|* F–G6

KNEIPEN & BRAUHÄUSER

PUB À LA PUB

In der Studentenkneipe wird auch mal ein Adilettenabend oder ein Bierpongturnier gefeiert. Das hat man davon, wenn Studenten ehrenamtlich eine Bar organisieren. Große Fassbierauswahl, noch größerer Außenbereich. Partys, Konzerte und Speeddating sind als Events regelmäßig im Sortiment. *Tgl. 20–1 Uhr | Breite Str. 1 | Facebook | Tram 91, 92, 93, 96, 98, 99 | Bus 603, 604, 605, 614, 631, 638, 650, 695 Alter Markt/Landtag |* Nördliche Innenstadt *|* F6

OLGA

Vom italienischen Rotwein aus anarchistischer Kelterei bis zum Schraubverschluss-Malzbier aus Bayern reicht das Angebot des Kollektivs, das den Betrieb in der Einraum-Kaschemme organisiert. Links, alternativ und selbstorganisiert: Das ist manchmal etwas chaotisch, aber so sympathisch

Waschhaus-Konzerte lassen die Potsdamer Luft vibrieren

AUSGEHEN & FEIERN

wie günstig. Es wird allerdings geraucht. *Tgl. ab 19 Uhr | Charlottenstr. 28 | charlotte28.blogsport.de | Tram 91, 94, 98 | Bus 605, 606, 614, 650, 692, 695, 697 Dortustraße | Nördliche Innenstadt | F5*

BRAUMANUFAKTUR TEMPLIN

Ein ökologisch korrektes, unfiltriertes Biobier schmeckt am Besten im Grünen. Zum Glück wird im Forsthaus mitten im Wald nicht nur gebraut, sondern im rustikalen Gastraum sowie im Sommer im Biergarten auch ausgeschenkt. Je nach Saison sind neben Klassikern wie Potsdamer Stange und Weizen auch Maibock, Winterbock oder das rote Weihnachtsmann-Bockbier „Nikolator" im Angebot. Zu futtern gibt es passend dazu Herzhaftes wie mit vom Brauen übrig gebliebenem Malz gebackenes Treberbrot oder Haxe. Nach Toresschluss bringt dich ein Bus sicher zurück in die Innenstadt. *Mi–Mo 11–22 Uhr | Templiner Str. 102 | braumanufaktur.de | Bus 607 Forsthaus Templin | Potsdam Süd | 0*

KONZERTE

NIKOLAISAAL ⭐

Die Kombination aus Auftritten von Symphonieorchestern, A-capella-Gruppen und Berliner DJs ist nicht die einzige Überraschung, die das Veranstaltungshaus bereithält. Wie futuristisch der vom französischen Architekten Rudy Ricciotti entworfene Konzertsaal daherkommt, sieht man der barocken Fassade wahrlich nicht an. Mit seinen weißen Ausstülpungen erinnert er ein wenig an eine Kletterhalle. **Besonders ist auch die Konzertbegleitung mit dem Ohrphon-Audioguide, der vor Beginn und in der Pause Wissenswertes zu Künstlern und Musik ins Ohr flüstert.** *Kartenvorverkauf Mo–Fr 11–18, Sa 11–14 Uhr | Wilhelm-Staab-Str. 10–11 | Tel. 0331 2 88 88 28 | nikolaisaal.de | Tram 91, 92, 93, 94, 96, 98, 99 | Bus 603, 604, 605, 606, 609, 610, 614, 631, 638, 650, 692, 695 Platz der Einheit/West | Nördliche Innenstadt | F5*

INSIDER-TIPP: Zweite Tonspur gefällig?

WASCHHAUS ⭐

Von Pankow über Kettcar bis Knorkator: In der einstigen königlichen Wäscherei für die Garnison sind sie alle zu Gast. Neben Konzerten gibt es Lesungen, Comedy und Poetry Slams. Als Teil des heutigen Kunst- und Kulturquartiers Schiffbauergasse ist auch das Waschhaus Anfang der 1990er-Jahre durch Besetzung in Künstlerhände geraten. Dieser alternativen Vergangenheit fühlt man sich weiter verpflichtet – etwa, indem auch unbekanntere, lokale Bands vor großem Publikum auftreten dürfen. *Tickets online oder an zentralen Vorverkaufsstellen | Schiffbauergasse 6 | Tel. 0331 27 15 60 | waschhaus.de | Tram 93 Schiffbauergasse/Berliner Straße | Berliner Vorstadt | H5*

ARCHIV POTSDAM

Auch dieses Kulturzentrum blickt auf eine Geschichte als besetztes Haus zurück. Später geräumt und zurückerstritten, hat sich der Laden als Potsdamer Anlaufstelle der Alternativkultur etabliert (obwohl etabliert zu sein sicher nie zu den Zielen der hier ehrenamtlich Engagierten zählte). Neben regelmäßigen Konzerten – gerne Kategorie härtere Gangart wie Metal und Punk – gibt es Partys. Auf dem einstigen Brauereigelände sind zudem Kneipe, Siebdruckwerkstatt und Ateliers untergebracht. Weil die historischen Gebäude aktuell schrittweise saniert werden, sind nicht immer alle Angebote zugänglich – vorher Website checken! *Leipziger Str. 60 | archiv-potsdam.de | Bus 694 Schwimmhalle am Brauhausberg | Südliche Innenstadt | ▯ G6–7*

THEATER & KABARETT

HANS-OTTO-THEATER ⭐
Ob deutsches Drama, Adaption eines Romans oder Performance mit Stadtausflug: Das Ensemble mit künstlerischem wie politischem Anspruch traut sich alles zu. Zum Glück! Jedes Jahr entstehen zwanzig neue Produktionen, von denen fünf 👥 für junge Menschen und Familien konzipiert werden. Hochkultur macht nur Spaß und Sinn, wenn sie alle anspricht und mitnimmt, lautet die Losung.
Neben dem *Neubau* werden in der direkten Nachbarschaft des Kulturareals an der Schiffbauergasse auch eine ehemalige *Reithalle* sowie im Sommer eine *Open-Air-Bühne* am See bespielt und außerdem das *Schlosstheater (▯ C5)* im Neuen Palais, wenn nicht gerade saniert wird. Hans Otto gehörte in der Weimarer Republik zu den bekanntesten Schauspielern

überhaupt. 1933 ermordete die Gestapo den Kommunisten und Gewerkschafter; 1952 wurde Potsdams Stadttheater nach ihm benannt. *Kartenvorverkauf Mo–Fr 10–18, Sa 10–14 Uhr | Schiffbauergasse 11 | Tel. 0331 98118 | hansottotheater.de | Tram 93 Schiffbauergasse/Berliner Straße | Berliner Vorstadt | ▯ H5*

FABRIK POTSDAM ⭐
Zeitgenössisches Tanztheater hattest du als Abendvergnügen bislang nicht auf dem Zettel? Beste Gelegenheit, das zu ändern. Denn sowohl die Potsdamer Company als auch ihre Gastspiel-Gäste haben internationales Format. Zu den Potsdamer Tanztagen kommen einmal im Jahr Profis aus aller Welt in die Stadt. Falls es dir selbst in den Füßen juckt, kannst du bei Workshops mit argentinischem Tango oder Flow Yoga in Bewegung kommen (Anmeldung über die Website). *Kartenvorverkauf Mo–Fr 11–17 Uhr | Schiffbauergasse 10 | Tel. 0331 240923 | fabrikpotsdam.de | Tram 93 Schiffbauergasse/Berliner Straße | Berliner Vorstadt | ▯ H5*

INSIDER-TIPP
Darf ich bitten?

T-WERK
Treffen sich verschiedene Potsdamer Theatergruppen und haben die Idee eines gemeinsamen Theaterzentrums samt eigener Bühne – schwups, fertig ist das T-Werk! Über zwanzig Jahre ist das mittlerweile her, und die damals gegründete Veranstaltungsstätte hat sich mit Musik-, Masken- und klassischem Theater etabliert. Es bespielt

AUSGEHEN & FEIERN

die einstigen Pferdeställe auf dem Areal an der Schiffbauergasse. Da den Kulturschaffenden die Zusammenarbeit und Ansprache aller Generationen wichtig ist, gehören 👥 Aufführungen speziell für Kinder und Jugendliche zum Standardrepertoire. Bei den Schirrhofnächten im Sommer werden Produktionen vor die Tür verlegt. *Schiffbauergasse 4e | Tel. 0331 71 91 39 | t-werk.de | Tram 93 Schiffbauergasse/Berliner Straße | Berliner Vorstadt | H5*

Schiff ist noch seetüchtig und geht ab und an auf Tournee. *Schiffbauergasse 9b | Tel. 0331 97 23 02 (Mo–Fr 10–14 Uhr) bzw. 0331 2 80 01 00 (Do ab 19, Fr/Sa ab 18 Uhr) | theaterschiff-potsdam.de | Tram 93 Schiffbauergasse/Berliner Straße | Berliner Vorstadt | H5*

Das Hans-Otto-Theater verspricht Weitblick – nicht nur in seiner Architektur

THEATERSCHIFF 🎭

Seit 1924 schipperte der Schleppkahn „Sturmvogel" über Binnengewässer. Nach eine Grundsanierung werden hier heute aquatische Liederabende, Musicals und interaktive Theaterprojekte aufgeführt.

INSIDER-TIPP: Bands an Bord 🎭 In der Bar gibt's Do ab 20.30 Uhr Livemusik bei freiem Eintritt. Achtung: Das

KABARETT OBELISK POTSDAM

Der deutsche Alltag, der zwischen „Bauer sucht Frau" und Politik passt, gehört satirisch aufs Korn genommen. Seit 1978 übernimmt das in Potsdam das kleine Ensemble des Kabaretts Obelisk. Regelmäßig sind auch lustige Menschen aus anderen Städten zu Gast. Den Namen hat sich die Institution von ihrem früheren Standort unweit des Obelisk-Portals im Park Sanssouci mitgebracht. *Charlottenstr. 31 | Tel. 0331 29 10 69 | kabarett-potsdam.de | Tram 91, 94, 98 | Bus 605, 606, 614, 650, 692, 695, 697 Dortustraße | Nördliche Innenstadt | F5*

AKTIV & ENTSPANNT

Im Holländischen Viertel radelt's sich entspannt

SPORT, SPASS & WELLNESS

KANUTEN-TREIBEN

In über fünfzig Jahren Vereinsgeschichte haben die Kanuten vom KC Potsdam *(s. kcpotsdam.de)* 17 olympische Goldmedaillen sowie über hundert Welt- und Europameistertitel erpaddelt. Auf der Regattastrecke am Templiner See trainieren die Cracks. Wer selbst zum Paddel greifen will, kann am S-Bahnhof Griebnitzsee im Sommer Boote ausleihen sowie Kurse und Touren buchen *(Anmeldung online bei Pedales s. S. 122).*

RUTSCHEN

Die Riesenrutschen im *Volkspark* (s. S. 53) sind ein großer Spaß, wenn die Kinder keine Angst vor dunklen Röhren und abrupten Wendungen aus bis zu zwölf Metern Höhe haben. Die Benutzung ist abgesehen vom Parkeintritt *(1,50, im Winter 0,50 Euro)* kostenlos. Alternative: vier Trampoline des Sprungterminals südlich im Park.

ENTSPANNUNGSZEREMONIEN

Sich durchkneten lassen und ins Schwitzen kommen – das bieten Hotels auch externen Besuchern an. Im *Inselhotel (halber Tag ab 33 Euro | Hermannswerder 30 | inselhotel-potsdam.de | Bus 694 Hoffbauer-Stiftung | Hermannswerder | E7)* gibt es nach Voranmeldung Badezeremonien und energetische Anwendungen. Pool, Dampfbad und finnische Trockensauna warten im *Dorint Hotel Sanssouci (Tageskarte 25 Euro | Jägerallee 20 | hotel-potsdam.dorint.com | Bus 695 Reiterweg/Jägerallee | Jägervorstadt | E4)*. Im Salzwasserbad schwebst du im *Float-Point (ab 59 Euro | Alleestr. 4 | float-point.de | Tram 96 Reiterweg/Alleestraße | Nauener Vorstadt | G4)*.

DISCGOLF

Bei diesem Funsport wird versucht, eine Frisbeescheibe mit möglichst we-

Spritziges Kanutreiben im Stadtkanal

nigen Würfen in einen Korb zu werfen. 14 Parcours gilt es dabei zu bezwingen, die frei zugänglich im Norden des *Volksparks* (s. S. 53) verteilt liegen. Lage sowie Spielregeln stehen auf der Website des Frisbee-Vereins *Hyzernauts (hyzernauts.de)*. Keine Anmeldung nötig. Scheiben werden am Infopavillon ausgeliehen (Haupteingang).

AMERICAN FOOTBALL

Ein frecher, preußischer Adler mit Krone steht in Potsdam für den Lieblingssport der US-Amerikaner. Seit 2018 spielen die Potsdam Royals erstklassig, 2019 gewann das Team gleich den Eurobowl *(Sportpark Luftschiffhafen | Tickets 8 Euro | potsdamroyals.de | Tram 91 Luftschiffhafen | Potsdam-West | C8)*.

BEIM KICKEN ZUSCHAUEN

Bei den Erstligaprofis vom 1. FFC Turbine Potsdam kommt man mit dem Zählen kaum hinterher. Aktuell landet man bei zwei Europapokalsiegen, sechs gesamtdeutschen und sechs DDR-Meisterschaften sowie drei gesamtdeutschen Pokalsiegen. Wenige Frauenteams Europas sind so erfolgreich wie die Potsdamer Damen.

Beim Siegen schaust du den Sportlerinnen im *Karl-Liebknecht-Stadion (turbine-potsdam.de | 9 Euro | S7, Tram 99 Babelsberg | Bus 616 Karl-Liebknecht-Stadion, Bus 694 Spindelstraße | Babelsberg Nord | J5)* am Schlosspark Babelsberg zu. ▶ Bauliche Besonderheit sind die klappbaren Flutlichtmasten des Stadions. Die wurden auf Wunsch der Unesco installiert, um die Sichtachsen des Weltkulturerbes nicht zu zerstören. Die Männer vom SV Babelsberg 03 kicken dort übrigens auch – auf Regionalliga-Niveau *(babelsberg03.de)*.

INSIDER-TIPP Das Licht kannste knicken

FESTE & EVENTS

JANUAR
Unterwegs im Licht (potsdam.de/unterwegs-im-licht): Kulturelle und wissenschaftliche Einrichtungen der Stadt knipsen im dunklen Januar für einen Tag Lichtinstallationen an. Dazu gibt's Führungen und Veranstaltungen.
Made in Potsdam (made-in-potsdam.com): Lokale Künstler machen Tanz und Musik, zeigen Kunst und lesen vor.

MÄRZ/APRIL
Tulpenfest im Holländischen Viertel (hollaendisches-viertel.com): Blumen, Bands und Poffertjes, ein Frühlingswochenende lang
Filmfestival Sehsüchte (sehsuechte.de): Über einhundert internationale Kurz- und Langfilme werden beim größten Studierenden-Filmfestival Europas auf dem Uni- und Studiogelände in Babelsberg gezeigt.

MAI
Potsdamer Tanztage (potsdamer-tanztage.de): Die Tanzwelt trifft sich für zwölf Tage in Potsdam.
Baumblütenfest in Werder (baumbluetenfest.com): Eine Woche, wenn die Obstbäume blühen. Blütenball, Kremserfahrt und Weinverkostung locken Hunderttausende Besucher in die Kleinstadt im Westen Potsdams.
lit:potsdam (litpotsdam.de): Literaturfestival, das Zugang zu privaten Villen und Gärten verschafft. Besonders ausgefeiltes Kinder- und Jugendprogramm.

JUNI
Unesco-Welterbetag (welterbedeutschland.de): Wenn am 1. Juniwochenende deutschlandweit Weltkulturerbestätten feiern, ist das größte Ensemble des Landes mit dabei.
⭐ **Musikfestspiele Potsdam-Sanssouci** (musikfestspiele-potsdam.de):

Auf dem Weihnachtsmarkt in der Brandenburger Straße zwischen alter Pracht

Etwa 80 zumeist klassische Konzerte vor historischer Kulisse folgen einem Motto.

JULI
Königliches Weinfest *(koeniglicher-weinberg.de)*: Winzer-Schaulaufen samt Verkostungsmöglichkeit am königlichen Weinberg
Schirrhofnächte *(t-werk.de)*: Open-Air-Theaterspektakel auf dem Schirrhof an der Schiffbauergasse

AUGUST
★ **Potsdamer Schlössernacht** *(potsdamer-schloessernacht.de)*: Musiker, Literaten und Künstler aller Art geben an mittlerweile zwei Sommerabenden alles in den speziell beleuchteten Schlössern sowie im Park von Sanssouci.

SEPTEMBER
Potsdamer Dreiklang *(potsdamer-dreiklang.de)*: **Potsdamer Jazztage**, **Kunstgenuss-Tour** und der **Tag des offenen Denkmals** lassen Potsdam an einem Wochenende klingen.

OKTOBER/NOVEMBER
Unidram Internationales Theaterfestival *(unidram.de)*: Kulturgeister aus ganz Europa zelebrieren neun Tage Tanz, Theater und Musik auf dem Areal an der Schiffbauergasse.

DEZEMBER
Weihnachtsmärkte: Der Klassiker residiert an der Brandenburger Straße. Zur Potsdamer Vielfalt gehören der **Adventsgarten** in der Russischen Kolonie Alexandrowka, der **Böhmische Weihnachtsmarkt** auf dem Weberplatz in Babelsberg (jeweils 1. und 2. Adventswochenende), das **Sinterklaas-Fest** im Holländischen Viertel (2. Adventswochenende) und der **Polnische Sternenmarkt** am Neuen Markt (1. Adventswochenende).

SCHÖNER SCHLAFEN

SCHLAF AHOI
In einer so wasserreichen Stadt wie Potsdam lassen sich die Nächte auch gut in Kajüten verbringen. In den Schlaf schaukeln einen die Wellen des Tiefen Sees in der *Schiffspension Luise (5 Kajüten | Berliner Str. 58 | Tel. 0331 24 02 22 | schiffspension.de | Tram 93 Ludwig-Richter-Straße | €€ | Berliner Vorstadt | ⌑ H4)*. Zentrumsnah gelegen und dennoch urig und vor allem entschleunigend. WLAN gibt es auf dem renovierten Lastkahn von 1907 nämlich nicht. Für allen anderen Komfort des 21. Jhs. ist aber gesorgt.

INSIDER-TIPP
Wunsch- und anschlusslos glücklich

ICH SEH DEN STERNENHIMMEL
Zwischen euch beide und den Sternenhimmel passt höchstens ein Jurtendach? Dieser romantische Traum lässt sich verwirklichen, und zwar im Volkspark Potsdam im *Nomadenland (3 Jurten | Georg-Hermann-Allee | Tel. 0176 30 00 51 51 | nomadenland.de | Tram 96 Viereckremise | €€€ | Bornstedt | ⌑ F2)*. Die Originaljurten aus Kirgisistan können für größere Gruppen oder als Übernachtungsevent für zwei inklusive Jurtenpunsch und Kachelofen gebucht werden.

BURGFRÄULEIN FÜR EINE NACHT
Holde Maid, ist nach all den Schlossbesichtigungen die Übernachtung auf einem Rittergut gefällig? Möglich macht es *Schloss Kartzow (12 Zi. | Kartzower Dorfstr. 16 | Tel. 033208 2 32 30 | schloss-kartzow.de | Bus 609 Im Winkel | €€–€€€ | Fahrland | ⌑ 0)*, ein wunderschönes Herrenhaus mit verwunschenen Gauben, Kronleuchtern und Garten zum Flanieren. Keine Sorge: Statt Ritterrüstungscharme wartet u. a. ein Spa. Aufgrund der Lage nördlich der Innenstadt im Grünen ist

Im Arcona Hotel am Havelufer ist der Schlaf entspannt

es eher für Autobesitzer eine gute Wahl (Bushaltestelle vor der Tür gibt's aber auch!).

GEBETTET VON GENOSSEN
Was haben Zsa Zsa Gabor und Hans-Dietrich Genscher gemeinsam? Eine Nacht im Interhotel (natürlich nicht zusammen). Der Bau war bei seiner Eröffnung 1969 Stolz der Stadt und des Sozialismus gleichermaßen. Aus dem kapitalistischen Ausland wurde das Baumaterial angekarrt. Heute kannst du an historischer Stätte im *Mercure Hotel Potsdam City (210 Zi. | Lange Brücke | Tel. 0331 27 24 24 | mercure-potsdam.com | Tram 91, 92, 93, 96, 98, 99 | Bus 603, 604, 605, 614, 631, 638, 650, 695 Alter Markt/Landtag |* €€ | Nördliche Innenstadt | G6) schlafen – wer weiß, wie lange noch. Der Abriss des Plattenbaus als Störfaktor in der Altbaukulisse wird immer wieder diskutiert.

AM WASSER GEBAUT
Alter Getreidespeicher trifft modernen Anbau trifft Havelblick. Dass am Havelufer im *Arcona Hotel (123 Zi. | Zeppelinstr. 136 | Tel. 0331 9 81 50 | potsdam.arcona.de | Tram 91, 94, 98 | Bus 605, 606 Schillerplatz/Schafgraben |* €€ | Potsdam West | D-E 6-7) alles gut zusammenpasst, dafür hat der britische Stardesigner Jasper Morrison gesorgt.

DESIGN IM ZENTRUM
Träumen unter den Dachbalken eines der Backsteinbauten im Holländischen Viertel? In einer modern eingerichteten Maisonette-Schönheit in einem Hinterhofhäuschen? Oder neben den freigelegten Backsteinwänden einer alten Remise? Die *Design Apartments Potsdam (25 Ap. | designapartments-potsdam.de |* €€–€€€) haben es im Angebot. Stilvoll in ungewöhnlichen Locations in der Innenstadt.

ERLEBNIS TOUREN

Lust, die einzigartigen Facetten der Stadt zu entdecken? Dann sind die Erlebnistouren genau das Richtige für dich! Ganz einfach wird es mit der MARCO POLO Touren-App: Die Tour über den QR-Code aufs Smartphone laden – und auch offline die perfekte Orientierung haben.

Per Boot Potsdam mit Stadthafen und Stadtschloss entdecken

Einfach QR-Code scannen und alle Karten & Infos zu unseren Touren auch unterwegs parat haben!

go.marcopolo.de/pot

❶ POTSDAM PERFEKT IM ÜBERBLICK

➤ Von Russland nach Holland in zehn Gehminuten
➤ Schlosskantine mit bester Aussicht
➤ Sorglose Residenz des preußischen Königshauses

📍 Café Kieselstein

🏁 Waschbar

→ 9 km

🚶 1 Tag,
reine Gehzeit
2½ Stunden

ℹ️ Tour nicht an einem Mo machen, da ⓫ Schloss Sanssouci und ⓬ Quendel geschlossen haben. Schlosstickets im Voraus online buchen, der Eintritt ist gebunden an feste Einlasszeit!

SCHÖNE AUSSICHTEN

Potsdam an einem Tag zu erkunden ist ein Unterfangen, das gut gestärkt anzugehen ist. Im ❶ Café Kieselstein ➤ S. 68 stellst du dir ein leckeres Biofrühstück mit Brötchen, regionalem Käse und Obst zusammen. Danach bist du bereit, *zweimal rechts abzubiegen und den Mühlenberg zu besteigen. Von der Weinbergstraße geht's die Treppe hoch. Oben angekommen* öffnest du das Eisentor – und nun Aussicht genießen! Dieser Ort heißt nicht umsonst ❷ Belvedere auf dem Mühlenberg ➤ S. 44.
Du folgst dem Mühlenbergweg zur Georg-Mendel-Straße bis zur Jägerallee, in die du links einbiegst. Der bald links auftauchende bombastische Backsteinbau war früher die ❸ Kaserne der Garde-Ulanen (berittene Soldaten). Heute befinden sich darin Unternehmen und eine Schule. Mach einen kleinen Abstecher durch das Tor und wirf einen Blick in den Hof. Beeindruckend, nicht?

ZWISCHEN HOLZHÄUSERN UND OBSTPLANTAGEN

Beim Weg „Russische Kolonie" biegst du rechts ab in die ❹ Russische Kolonie Alexandrowka ➤ S. 54. Die

❶ Café Kieselstein

❷ Belvedere auf dem Mühlenberg

❸ Kaserne der Garde-Ulanan

❹ Russische Kolonie Alexandrowka

ERLEBNISTOUREN

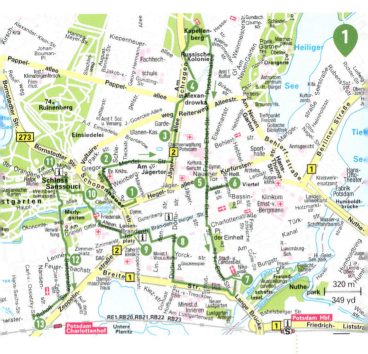

Siedlung mit den zwischen Obstwiesen verstreuten Holzhäusern ließ Friedrich Wilhelm III. ab 1826 zu Ehren seines verstorbenen Freundes Zar Alexander I. errichten. Sieh dich um und vergiss nicht, einen Blick in die kleine, aber pompös geschmückte **Alexander-Newski-Gedächtniskirche** auf dem Hügel im Zentrum des Viertels zu werfen.

Zurück in die Innenstadt geht es über Puschkinallee und Friedrich-Ebert-Straße durch das ❺ Nauener Tor. Es ist eins der drei erhaltenen, historischen Stadttore. Entworfen hat es Friedrich der Große höchstselbst. *Die nächste Straße links,* und du stehst zwischen den roten Backsteinfassaden des ❻ **Holländischen Viertels** ➤ S. 40, das wie das Tor aus der Mitte des 18. Jhs. stammt. Es sollte holländische Handwerker anziehen, damit sie sich hier wie zu Hause fühlen konnten. Tatsächlich fühlt man sich beim Bummeln durch Kopfsteinpflastergassen zwischen den schmalen Häusern

❺ Nauener Tor

❻ Holländisches Viertel

109

mit den markanten Giebeln und großen Fenstern ein wenig wie in Amsterdam. Die Geschichte des Viertels vermittelt dir nun ein Besuch im Jan-Bouman-Haus➤ S. 40.

ABGEORDNETEN AUFS DACH STEIGEN

Danach gelangst du über die Mittelstraße zurück auf die Friedrich-Ebert-Straße, der du nach Süden folgst, bis links der ❼ Alte Markt ➤ S. 32 mit Nikolaikirche und Stadtschloss auftaucht. Letzteres beherbergt nicht nur den Brandenburger Landtag, sondern auch dessen Kantine ➤ S. 69 mit Dachterrasse. Sie steht Besuchern und damit dir und deinem Mittagshunger offen.

| ❼ Alter Markt |

Über die Breite Straße gelangst du zur Baustelle der Garnisonkirche ➤ *S. 37, danach biegst du rechts in die Dortustraße ab.* Im Haus Nr. 51 residiert mit der ❽ Konditorei Schröter *(Mo–Fr 6.30–18, Sa 6.30–12 Uhr)* eine der letzten Handwerksbäckereien der Stadt. In dritter Generation werden hier traumhafte Torten, ehrliche Kekse und im Winter Dominosteine hergestellt. Du bevorratest dich für ein späteres Picknick im Schlosspark. *Der Weg dahin führt von der Dortustraße links über die Brandenburger Straße zum* ❾ Brandenburger Tor ➤ S. 39. Mit dieser barocken Pracht (übrigens älter als der Vetter in Berlin) zelebrierte Friedrich II. das Ende des Siebenjährigen Kriegs. *Du gehst durch das Tor, überquerst den Luisenplatz und hältst dich schräg rechts.* Nun stehst du vorm Eingang in den ❿ Park Sanssouci ➤ S. 41. *Durch Alleen wandelnd erreichst du bald* den Fuß der beeindruckenden Terrassen des ⓫ Schlosses Sanssouci ➤ S. 42. Auf einer der Bänke legst du ein Picknick ein. Danach steht die Schlossbesichtigung an. Die Karten hast du vorher online besorgt.

| ❽ Konditorei Schröter |

INSIDER-TIPP
Handwerk, das auf der Zunge zergeht

| ❾ Brandenburger Tor |

| ❿ Park Sanssouci |

| ⓫ Schloss Sanssouci |

REGIONALE SPEZIALITÄTEN

Pompöse Pracht macht hungrig und müde. Zum Glück *musst du jetzt nur die Terrassenstufen wieder hinuntergehen und an der großen Fontäne vorbei immer gera-*

ERLEBNISTOUREN

deaus, raus aus dem Park, bis du auf die Lennéstraße stößt. Im Eckhaus zur Sellostraße liegt das ⑫ Quendel ➤ S. 72. Es kocht regional, saisonal und vor allem: lecker! Dazu schmeckt die Potsdamer Stange als lokale Bierspezialität. Ein Absacker wartet in der ⑬ Waschbar ➤ S. 90, *die du auf einem kleinen Verdauungsgang die Straße hinunter und dann rechts erreichst. Zurück ins Zentrum geht es mit Bus und Tram (2,10 Euro). Die Haltestelle Charlottenhof/Geschwister-Scholl-Straße ist direkt vor der Tür.*

⑫ Quendel

⑬ Waschbar

❷ SCHLÖSSER UND SPIONE

➤ **Park- und Schlosspracht abseits von Sanssouci**
➤ **Wo Spione lebten und ausgetauscht wurden**
➤ **Dörfliche Idylle im Zentrum von Babelsberg**

📍 Gedenkstätte Leistikowstraße

🏁 Trattoria Zille

→ 7,5 km

🚶 ½ Tag, reine Gehzeit 2 Stunden

ⓘ ❶ **Gedenkstätte Leistikowstraße**, ❸ **Schloss Cecilienhof** Mo geschl. ❷ **Marmorpalais** April, Nov.–März nur am Wochenende geöffnet, im Sommer Di–Sa

HINTER GITTERN

Gleich der Beginn der Tour macht nachdenklich, denn sie startet an der ❶ **Gedenkstätte Leistikowstraße** ➤ S. 53, die nach 1945 Untersuchungsgefängnis der sowjetischen Militärspionageabwehr war. Die Dauerausstellung informiert dich über das harte Schicksal der Inhaftierten. Das Gebäude lag mitten im „Militärstädtchen Nr. 7", das die Sowjets bis 1994 abriegelten und als Spionagestandort nutzten. Nachlesen kannst du die Geschichte auf den Gedenktafeln entlang der Leistikowstraße, *die dich direkt zum Neuer Garten führt.*

❶ Gedenkstätte Leistikowstraße

❷ Marmorpalais

❸ Schloss Cecilienhof

❹ Glienicker Brücke

❺ Wartmanns Eiscafé

❻ Dampfmaschinenhaus Park Babelsberg

BEI JAUCHS UND JOOPS ZU HAUSE

Den Neuen Garten ➤ S. 50 betrittst du *durch das grüne Eisentor, folgst dann den Schildern Richtung* ❷ Marmorpalais ➤ S. 51. Von der Terrasse des frühklassizistischen Baus genießt du den Blick über den Heiligen See. In den Villen gegenüber wohnen Celebrities wie Günther Jauch und Wolfgang Joop. *Am Ufer entlang und dann quer durch den Park geht es weiter ausgeschildert zum* ❸ Schloss Cecilienhof ➤ S. 52. Der letzte Schlossbau der Hohenzollern wurde 1917 im englischen Landhausstil fertiggestellt. Hier tagten im Sommer 1945 die Siegermächte. Nimm dir Zeit für die tolle Ausstellung mit Audioführung.

ÜBER DIE BRÜCKE WIE DIE SPIONE

Nun hälst du dich westlich, immer am Wasser, bis zur ❹ Glienicker Brücke ➤ S. 55. Sie trennt Potsdam von Berlin (West). Dreimal tauschten hier Ost und West im Kalten Krieg insgesamt 40 Agenten aus, was ihr den Beinamen „Brücke der Spione" einbrachte. Von der Brücke hast du eine tolle Aussicht: links liegt die einst im Grenzgebiet isolierte Heilandskirche von Sacrow ➤ S. 60, rechts Schloss Babelsberg. *Geradeaus über die Brücke und rechts in die Mövenstraße,* dann bist du bei ❺ Wartmanns Eiscafé *(März–Okt. tgl. 11–19 Uhr | Waldmüllerstr. 8 | wartmanns.de).* Aus vierzig Sorten suchst du dir deine liebsten aus und schlenderst *über Lankestraße und eine kleine Brücke in den Park Babelsberg* ➤ S. 57.

SCHINKELS SCHÖNES SCHLOSS MIT WASSERBLICK

Das namensgebende Schloss hast du im Blick. *Auf dem Weg dahin passierst du das* ❻ Dampfmaschinenhaus Park Babelsberg ➤ S. 58. Es sieht nach neogotischer Burg aus, ist es

Sommerresort Friedrichs II.: Marmorpalais

ERLEBNISTOUREN

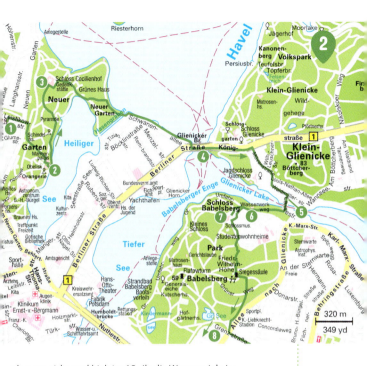

aber gar nicht, und hielt im 19. Jh. die Wasserspiele im Park in Gang. Das von Karl Friedrich Schinkel entworfene ❼ **Schloss Babelsberg** ➤ S. 57 diente Friedrich Wilhelm I. als Sommerresidenz und wird derzeit innen saniert. Die äußere Pracht samt Garten ist schon fertiggestellt und erwartet nun mit hübschen Blumenrabatten deine Bewunderung. Setz dich auf eine der Bänke und genieß den Blick über den See. *Über gewundene Parkpfade gelangst du durch den an manchen Stellen eher an Wald erinnernden Park zum Ausgang „Pförtnerhaus II". Du nimmst die Grenzstraße und biegst rechts in die Karl-Liebknecht-Straße ein.* Mit seinen einstöckigen Altbauten wirkt das Zentrum von Babelsberg idyllisch-dörflich. Entsprechend familiär ist es in der ❽ **Trattoria Zille** ➤ S. 75, wo du auf eine Pizza einkehrst. Nach Hause kommst du mit Tram, Bus oder S-Bahn vom Bahnhof Babelsberg *(Einzelfahrt 2,10 Euro)*, den du der Karl-Liebknecht-Straße weiter folgend erreichst.

❽ **Trattoria Zille**

113

❸ HIER IST ALTES (FAST) GANZ NEU

➤ Neubauten, die ganz schön alt aussehen
➤ Tretboot-Tour um die Freundschaftsinsel
➤ Kultur pur im Quartier Schiffbauergasse

📍 Neustädter Havelbucht

🏁 Kunst- und Kulturquartier Schiffbauergasse

→ 4,5 km

🚶 ½ Tag, reine Gehzeit 1 ¼ Stunden

ℹ️ Wähle ein Outfit, das Tretboot und Kulturprogramm mitmacht. Karten für das **Hans-Otto-Theater** vorab online bestellen. ❿ **Fischerhof Potsdam** So, Mo geschl. **Museum Barberini** Di geschl.

HÄUSER AM SEE

Die Tour zu Potsdams baulichen Neuzugängen startet an der ❶ Neustädter Havelbucht, fünf Gehminuten vom Brandenburger Tor entfernt. Du stellt dich zu den Anglern ans Wasser und hast alles im Blick: Vor dir die denkmalgeschützte Seerose mit ihrem wie ein Blütenblatt geschwungenen Dach. In dem expressionistischen Betonschalenbau residieren über die Jahrzehnte wechselnde Restaurants. Zur Linken das als Moschee verkleidete Dampfmaschinenhaus ➤ S. 38, dessen Pumpe zur Einweihung 1842 die Fontäne im Park Sanssouci auf 38 Meter Höhe brachte. Und im Hintergrund Plattenbauten, wo Potsdamer wohnen.

Auf die zu deiner Rechten gehst du zu, immer am Uferweg entlang, wo Bötchen schaukeln. Zweimal unter den Gleisen durch gelangst du über die Dortustraße- zur Breiten Straße und damit zur Baustelle der ❷ Garnisonkirche ➤ S. 37. Die Wiedererrichtung der im Zweiten Weltkrieg zerstörten, von der DDR-Führung gesprengten Kirche ist höchst umstritten. Schließlich ließ

❶ Neustädter Havelbucht

❷ Garnisonkirche

ERLEBNISTOUREN

sich Adolf Hitler hier am „Tag von Potsdam" die Macht übertragen. Weitere Infos bietet eine kleine Ausstellung in der temporär errichteten Nagelkreuzkapelle *(Di–So 11–17 Uhr | Eintritt frei)* neben der Baustelle.

NEUER ALTER MARKT

Über die Schlossstraße erreichst du den ❸ Neuen Markt ► S. 36,. Der Name täuscht: Das Barockensemble ist alt. Wie durch ein Wunder blieb es im Krieg fast unzerstört. Im Zentrum steht die Rastwaage, geh einmal drum herum *und nimm dann die Siefertstraße bis zum* ❹ Alten Stadtkanal ► S. 36. Im 18. Jh. als Transportweg gebuddelt und in den 1960ern zugeschüttet, wird er nach und nach rekonstruiert. *Von hier ist es nur eine Straßenüberquerung bis* zum ❺ Bildungsforum, 1974 als modernster Bibliotheksbau der DDR eröffnet. Wirf erst einen Blick in die hellen Räume, in die heute noch Leseratten pilgern. Dann gönnst du dir im Café Et cetera ► S. 68 im Erdgeschoss eine Kuchenpause. Die Apfel-Zimt-Tarte ist zu empfehlen. Frisch gestärkt *geht es um die Ecke* zum ❻ Alten Markt. Entgegen des Namens wurden rosa Stadtschloss, Palais Barberini und anliegende Gebäude erst in den vergangenen Jahren nach historischem Vorbild neu aufgebaut.

❸ Neuer Markt

❹ Alter Stadtkanal

❺ Bildungsforum

❻ Alter Markt

Maritimes Leben in Potsdam: Neustädter Havelbucht

115

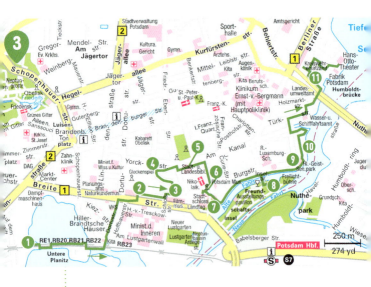

MIT DEM TRETBOOT AUF DER HAVEL

Dein Weg führt dich nun durch die Drehtür des Museum Barberini ▶ S. 34., durch die Halle in den Hof, den du überquerst. Im Innenhof des Palais steht die Skulptur ❼ „Jahrhundertschritt" von Wolfgang Mattheuer. Die bronzene Figur mit den rudernden Armen und dem riesigen Ausfallschritt gilt als eines der bedeutendsten DDR-Kunstwerke und Sinnbild der Zerrissenheit des 20. Jhs.

Danach verlässt du auf der anderen Seite des Palais den Hof über die Treppe und biegst links in die grüne Idylle des Havelufers ab. Über die bald auftauchende Brücke gelangst du auf die ❽ **Freundschaftsinsel** ▶ S. 41. Dieses Panorama verdient eine Betrachtung vom Wasser aus! Bei der Bootsvermietung Moisl mietest du ein Tretboot für eine Stunde *(tgl. | ab 14 Euro | bootsvermietung-freundschaftsinsel.de).* In der Zeit schaffst du es locker einmal um die Insel. *Danach geht es zurück auf den Uferweg, dem du vorbei an dem absurd-modernen Turmbau folgst.* Die Seniorenresidenz ❾ **Heilig-Geist-Residenz** entstand in den 1990ern am Ort der zerstörten, barocken Heilig-Geist-Kirche.

❼ „Jahrhundertschritt"

❽ Freundschaftsinsel

❾ Heilig-Geist-Residenz

116

ERLEBNISTOUREN

KULTUR ZWISCHEN INDUSTRIEARCHITEKTUR

Der Pfad mündet in die Große Fischerstraße mit ihren schmucken, einstöckigen Altbauten und dem ❿ Fischerhof Potsdam ➤ S. 70, der frischen und geräucherten Fisch aus der Havel verkauft. *An einer weiteren Ausgrabungsstätte des Stadtkanals vorbei, gelangst du immer am Ufer entlang, unter der großen Brücke durch,* zum ⓫ Kunst- und Kulturquartier Schiffbauergasse ➤ S. 40. Im frühen Industriegebiet siedelten sich nach dem Fall der Mauer kulturelle Einrichtungen an. Der kleine Abendsnack kommt aus der Bäckerei der Bio-Company *(Mo–Sa 8–20 Uhr)*, die neben belegten Broten auch Quiche und Salate im Angebot hat und auf dem Gelände des Hans-Otto-Theaters steht – das ist der Bau mit dem markanten roten Dach, dessen darstellende Wurzeln bis ins 18. Jh. ragen. Die Theaterkarten (ab 14 Euro) hast du vorher im Internet besorgt.

❿ Fischerhof Potsdam

⓫ Kunst- und Kulturquartier Schiffbauergasse

❹ NATUR TRIFFT KULTUR – RADTOUR UM DEN SCHWIELOWSEE

➤ Mit dem Rad durchs Grüne, immer am Blauen entlang
➤ Wo Könige und Albert Einstein Urlaub machten
➤ Bad im See und Test lokaler Brauspezialitäten

📍	Potsdamer Hauptbahnhof	🏁	Potsdamer Hauptbahnhof
🔄	34 km	🚲	1 Tag, reine Fahrzeiten 3 ½ Stunden

ⓘ Gruppen reservieren die Leihfahrräder vorher online *(potsdam-per-pedales.de)*. Die Tour ist flach , für Kinder und Hobbyradler gut zu schaffen. Die meisten Sehenswürdigkeiten haben April–Okt. geöffnet; ❹ **Einsteinhaus** nur am Wochenende geöffnet mit Führung zur vollen Stunde.

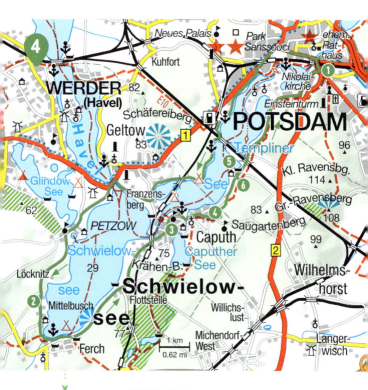

❶ **Potsdamer Hauptbahnhof**

AUF NACH JAPAN

Bevor du am ❶ Potsdamer Hauptbahnhof startest: Badesachen nicht vergessen! Direkt am Bahnhof leihst du dir bei Pedales ➤ S. 122 ein Fahrrad. Und dann radelst du *Richtung Zentrum über die Brücke und die Breite Straße, biegst hinter dem als "Moschee" bekannten Dampfmaschinenhaus.* ➤ *S. 38 links und gleich wieder links in die Straße Auf dem Kiewitt ein. Ab jetzt geht es immer am Ufer lang!*

MITTEN IN JAPAN

Bis du nach Geltow kommst, schaust du links auf den Templiner See. *Am Ortsausgang nimmst du an der Gaststätte Baumgartenbrück die Brücke und umkurvst ab dann den* Schwielowsee. *Vorbei an Petzow geht es durch den Wald. Sobald du wieder Zivilisation erreichst,* machst du am ❷ Japanischen Bonsaigarten *(April–*

❷ **Japanischer Bonsaigarten**

ERLEBNISTOUREN

INSIDER-TIPP
Asien so nah

Nov. Di–So 10–18 Uhr | Fercher Str. 61 | bonsai-haus.de | Eintritt 5 Euro) Station und nimmst im Teehaus unter Azaleen ein Getränk samt traditionellem Küchlein ein. Fast die Hälfte der Strecke ist schon geschafft. Wieder im Sattel geht es über die Fercher Straße durch den Ort, an der Straße Neue Scheune links und von da auf dem Radweg im Bogen um den See. Auf der Dorfstraße strampelst du wieder nach Norden, bis du in Caputh ➤ S. 63 einfährst.

WO ALBERT EINSTEIN DEN SOMMER GENOSS

Am ❸ Lustschloss Caputh ➤ S. 63 stellst du dein Rad ab. Zunächst drehst du eine Runde unter den alten Bäumen des Schlossgarten. Dann checkst du im barocken Schloss, was der preußische Adel im 17. Jh. unter Landhaus verstand – alles ganz schön pompös. Danach geht es mit dem Fahrrad weiter zum ❹ Einsteinhaus ➤ S. 63, zu dem du der Straße und der Beschilderung folgst. Im Holzhaus genoss der berühmte Physiker bis 1932 Ruhe, Sonne und die Nähe zum Wald.

❸ **Lustschloss Caputh**
❹ **Einsteinhaus**
❺ **Waldbad Templin**
❻ **Braumanufaktur Templin**
❶ **Potsdamer Hauptbahnhof**

Wieder im Sattel radelst du zehn Minuten auf der Templiner Straße bis zum 🏁 ❺ Waldbad Templin (April–Okt. tgl. 9–20 Uhr | Templiner Str. 110 | swp-potsdam.de/de/bäder/waldbad-templin | Eintritt 4 Euro), das Baumbestand mit Sandstrand sowie Spielplatz und Rutschen für Kinder kombiniert. Nach der Abkühlung wartet auf der anderen Straßenseite eine deftige Stärkung inklusive selbst gebrautem Bier im Forsthaus der ❻ Braumanufaktur Templin ➤ S. 93. So aufgetankt rollen sich die letzten sechs Kilometer wie von selbst. *Es geht die Templiner Staße am Ufer entlang, an der Leipziger Straße rechts, zurück zum* ❶ **Potsdamer Hauptbahnhof**. Räder abgeben nicht vergessen.

Am Seeufer von Caputh mal Pause machen

119

GUT ZU WISSEN
DIE BASICS FÜR DEINEN STÄDTETRIP

ANKOMMEN

ANREISE

Über den Berliner Ring (A10) ist Potsdam sehr gut ans Autobahnnetz angebunden. Allerdings gehört dessen südlicher Bereich zu den am stärksten befahrenen Abschnitten. Zwischen den Dreiecken Potsdam und Nuthetal läuft daher seit mehreren Jahren der Ausbau auf acht Fahrstreifen. Es kommt dort immer wieder zu Staus.

Per Bahn nach Potsdam zu kommen, ist entspannt. Am *Potsdamer Hauptbahnhof* halten vorwiegend S- und Regionalbahnen. Letztere bringen dich in 25 Minuten vom Berliner Hauptbahnhof in die Stadt. Die S7 benötigt für die gleiche Strecke 35 Minuten, hält dafür aber auch an den Potsdamer S-Bahnstationen Griebnitzsee und Babelsberg.

Auch die Anreise mit dem Flieger läuft über Berlin. Vom Flughafen Schönefeld fährt jede Stunde die Regionalbahn RB22 durch, die eine knappe Stunde bis zum Potsdamer Hauptbahnhof benötigt. Etwas länger dauert die Fahrt mit der S-Bahn. Der *Flughafen Berlin Brandenburg „Willy Brandt" (BER)* wird ebenfalls über diese Strecke mit Regional- und S-Bahn

> **GRÜN & FAIR REISEN**
>
> Du willst beim Reisen deine CO_2-Bilanz im Hinterkopf behalten? Dann kannst du deine Emissionen kompensieren *(atmosfair. de; myclimate.org)*, deine Route umweltgerecht planen *(routerank. com)* oder auf Natur und Kultur *(gate-tourismus.de)* achten. Mehr über ökologischen Tourismus erfährst du hier: *oete.de* (europaweit); *germanwatch.org* (weltweit).

In Caputh mit der Fähre auf dem Schwielowsee

an Potsdam angebunden. Vom Flughafen Tegel brauchst du mit der Kombination aus Bus X9 bis Zoologischer Garten und von dort mit der Regionalbahn oder S7 weiter etwa eine Stunde bis Potsdam.

Der Trend zur Busfahrt ist auch an Potsdam nicht vorbeigegangen. Direkte Verbindungen gibt es aus allen größeren deutschen Städten. Der Busbahnhof liegt zentral am südlichen Ausgang vom Hauptbahnhof.

MOBIL SEIN

BUS UND BAHN

Die Busse und Straßenbahnen des *Verkehrsbetriebs in Potsdam* (fesch abgekürzt: ViP) kutschieren dich verlässlich bis an die entlegensten Orte der Stadt. Dreh- und Angelpunkte im Netz sind die Stationen Hauptbahnhof und Lange Brücke. 🐷 Von dort starten etwa die extra als touristische Linien deklarierte *Sanssoucilinie* (Busse X15 oder 695) über das Schloss Charlottenhof bis Schloss Sanssouci oder die *Cecilienhof-Linie* (Bus 603) über die historische Innenstadt, die Russische Kolonie Alexandrowka und das Marmorpalais bis zum Schloss Cecilienhof. Eine Übersicht sowie alle weiteren Infos finden sich unter: *vip-potsdam.de*

Das ViP-Einsatzgebiet ist in drei Tarifzonen eingeteilt. Falls du nicht nach Brandenburg oder Berlin möchtest, reichen die Zonen A und B. Das Einzelticket dafür kostet 2,10, eine Tageskarte 4,20 Euro. Mit Letzterer kannst du bis früh um 3 unterwegs sein und drei Kinder zwischen 6 und 14 Jahren mitnehmen. Wer jünger ist, fährt sowieso kostenlos. 🐷 Sparfüchse, die im Rudel reisen, nehmen die Kleingruppen-Tageskarte für bis zu fünf Personen für 10,20 Euro.

NACHTBUSSE

Zwischen ein Uhr nachts und fünf in der Früh übernehmen die Buslinien N14, N15, N16 und N17 den Transport in Potsdam. Vom Zentrum aus schwärmen sie stündlich in alle Himmelsrichtungen aus. Damit du wirklich sicher nach Hause kommst, gibt es den Service, zwischen den offiziellen Haltestellen auszusteigen, wenn es der Verkehr erlaubt. Dem Fahrer kurz Bescheid zu geben reicht.

AUTO

Es gibt Bequemeres, als Potsdam mit dem Auto zu erkunden. Wer dennoch nicht darauf verzichten möchte, muss sich zumindest in der Innenstadt darauf einstellen, fürs Parken zu bezahlen. In Tiefgaragen, Parkhäusern und in den Straßen des zur Parkzone erklärten Zentrums kostet das Abstellen Geld *(je nach Lage 0,50 Euro für 15 bis 30 Min.)*. Eine Übersicht bietet *mobil-potsdam.de*.

FAHRRAD

In Potsdam ist vieles nur eine kleine Radtour entfernt, und die Stadt investiert seit Jahren kontinuierlich in Radwege. Über das Zentrum verteilt findest du die Mieträder der Firma *Nextbike | 1 Euro/30 Min., max. 9 Euro/Tag | nextbike.de)*, die auch in Berlin sowie in über 50 anderen deutschen Städten vertreten ist. Die Anmeldung (auch über die App) lohnt sich also. Das Rad schaltest du ebenfalls über das Smartphone frei oder eine Hotline *(Tel. 030 69205046)*.

Alternativ kannst du dir ein Rad bei *Pedales (April-Okt. Mo-Fr 7-19, Sa/So 9.30-19, Nov.-März Mo-Fr 8-19, Sa 9.30-19 Uhr | Tel. 0331 88 71 99 17 | potsdam-per-pedales.de)* am Hauptbahnhof mieten. Ein Tag kostet 12, eine Woche 65 Euro. Tretfaule ordern ein E-Bike, Paare Tandems und Familien Kinderanhänger. Solche Sonderwünsche solltest du vorher telefonisch anmelden. Eine zweite Leihstation ist am Bahnhof Griebnitzsee *Pedales (April-Okt. Mo-Fr 9-18.30, Sa/So 9-19, Nov.-März Mo-Fr 9-18, Sa 10-14 Uhr)*.

E-TRETROLLER

Wenn man vom Kopfsteinpflaster und manchem Minianstieg absieht, ist Potsdam dank überschaubarer Größe für Flaneure gemacht. Durch die Parkanlagen geht es ohnehin am besten per pedes. Auch sonst lohnt es sich, zu Fuß zu gehen, um entschleunigt die ganze Pracht der Stadt zu genießen. Doch wer sich einmal wieder wie ein Kind fühlen möchte, nimmt sich einen der Elektroroller, die im Zentrum einsatzbereit auf den Bürgersteigen stehen. Einfach per App registrieren, ausleihen und losrollern, z. B. bei *Voi (1 Euro Startgebühr plus 15 Cent/Min. | voiscooters.com)*.

BOOT

Potsdam hat so viel Wasser – das schreit nach Fortbewegung per Boot. Das *Potsdamer Wassertaxi (potsdamer-wassertaxi.de)*. fährt von April bis Oktober nach einem festen Fahrplan mit 13 Haltepunkten vom Park Glienicke über Sacrow, Park Babelsberg,

GUT ZU WISSEN

Hauptbahnhof bis zum Strandbad Templin und zurück. Die Fahrscheine gibt es an Bord ab 7 Euro. **INSIDER-TIPP: Taxi ahoi!** **Wenn du dir den Ausflugsdampfer sparen möchtest, schipperst du mit dem Tagesticket für 19 Euro kreuz und quer, so viel du magst.** Wer selbst treten, rudern oder paddeln vorankommen möchte: Die entsprechenden Gefährte kannst du auf der Freundschaftsinsel bei der Bootsvermietung *Moisl* leihen *(s. S. 116)*.

TAXI

Manchmal muss es doch der Tür-zu-Tür-Service per Taxi sein. Die rund um die Uhr besetzte Zentrale ist unter *Tel. 0331 29 29 29* erreichbar. Der Grundpreis liegt bei 3,80 Euro, zu dem tagsüber 2,10 (ab 4 km 1,70), nachts 2,50 (bzw. 1,90) Euro dazu kommen.

VOR ORT

AUSKUNFT & TICKETS

Antworten auf alle Fragen sowie alle aktuellen Veranstaltungen kennt *Potsdam Marketing (Hotline Mi–Fr 9–19, Sa/So 9–15 Uhr | Tel. 0331 27 55 88 99 | potsdamtourismus.de)*. Vor Ort ansprechbar sind die Mitarbeiterinnen in zwei Filialen im *Hauptbahnhof (Mo–Sa 9.30–18.30, So 9.30–15 Uhr, neben Gleis 6 | ⊞ G6)* und am *Alten Markt (Humboldtstraße 1–2 | Mo–Sa 9.30–18.30, So 9.30–15 Uhr | ⊞ G6)*. Dort bekommst du auch Tickets für Konzert- und Theaterbesuche.

Eintrittspreise der Parks der Stiftung Preußische Schlösser und Gärten Berlin-Brandenburg beruhen auf freiwilliger Basis von 2 Euro (z. B. Neuer Garten, Park Babelsberg, Schlossgarten Charlottenburg). Die Stiftung Preußische Schlösser und Gärten Berlin-Brandenburg betreibt zudem zwei Besucherzentren: *Besucherzentrum am Neuen Palais (⊞ C5)* sowie das *Besucherzentrum an der Historischen Mühle (⊞ E5)*

WAS KOSTET WIE VIEL?

Kaffee	ca. 2,50 Euro *eine Tasse*
Badeente Friedrich II.	5 Euro *im Museumsshop*
Schlosspark	kostenlos
Theaterticket	14–33 Euro pro Karte *im Hans-Otto-Theater*
Käsekuchen	ca. 3,80 Euro *das Stück*
Bus/Bahn	2,10 Euro *im Zentrum*

FUNDBÜRO

Abgelenkt von royaler Pracht auf der Schlossparkbank die Tasche liegen gelassen? Keine Panik, ehrliche Finder tragen sie ins *städtische Fundbüro im Stadthaus (Friedrich-Ebert-Str. 79–81 | Mo 10–18, Di–Do 8–18, Fr 8–14 Uhr Tel. 0331 2 89 15 87 | fundbuero@rathaus.potsdam.de | ⊞ F4/5)*. Falls Schlüssel und Kamera in Bus und Bahn geblieben sind, hilft das *ViP-Fundbüro (Fritz-*

Zubeil-Str. 96 | Mo–Do 9.30–16, Fr bis 15 Uhr | Tel. 0331 6614555 | info@vip-potsdam.de | (🗺 L8). Nach drei Tagen übergibt es die Findlinge allerdings den Kollegen von der Stadt.

INTERNET/WLAN

Verdammt! Die Handyfotos aus Sanssouci sind toll geworden, doch für das Hochladen bei Instagram reicht das Datenvolumen nicht. Für solche Situationen hat das Brandenburger Ministerium für Wirtschaft und Energie Verständnis und daher im ganzen Bundesland kostenlose WLAN-Hotspots installiert. Knapp 30 davon finden sich an öffentlichen Orten in Potsdam wie dem Naturkundemuseum, dem Hans-Otto-Theater oder der Gedenkstätte Lindenstraße. Eine Karte mit allen Adressen steht auf der Website der Zeitung Märkische Allgemeine *(maz-online.de)*.

Weitere Hotspots, dank derer man 30 Min./Tag frei surfen kann, hat der Mobilfunkanbieter Vodafone an verschiedenen Ecken der Stadt aufgebaut (Karte unter *publicwifi.de*). Darüber hinaus bieten Hotels und viele Cafés in Potsdam ihren Gästen Zugang ins Netz an.

ÖFFNUNGSZEITEN

Einkaufen in Potsdam ist gemütlich, dazu passen auch die Öffnungszeiten Mo bis Fr 10 bis 18, Sa bis 16 Uhr. Manch kleiner Laden öffnet auch erst eine Stunde später, schließt früher wieder und gönnt sich dazwischen eine Mittagspause. Am Sonntag ist überall geschlossen, auch in der Einkaufspassage des Hauptbahnhofs. Im Winter machen auch manche Schlösser Pause.

STADTFÜHRUNGEN

Der Klassiker heißt „Potsdam zum Kennenlernen" und startet jeden Tag (im Winter nur am Wochenende) um 11 Uhr an der Touristeninfo am Alten Markt. Für 9 Euro erhält man in zwei Stunden einen Überblick *(Tickets und weitere Infos unter potsdamtourismus. de)*. Mehr zu sehen dank Fahrrad gibt es samstags um 10.30 Uhr mit der Tour „Potsdam Royal" von den Potsdamer Radexperten von *Pedales (25 Euro/4 Std. | Treffpunkt Pedales Hauptbahnhof | potsdam-per-pedales. de)*. Nach Vorbestellung radeln sie mit dir auch zu den Villen der Filmstar in Babelsberg oder rund um den Wannsee.

Falls dir das Rad als Fortbewegungsmittel zu langweilig sein sollte: rauf auf den Segway! Mit dem Anbieter *Seg2Go (ab 69 Euro/2,5 Std. | seg2go. de)* cruist du entweder durch die Innenstadt oder durch Babelsberg und um den Wannsee.

Warum sich nicht mal durch Potsdam futtern? Die Touren von *Eat the world (ab 33 Euro | Tickets unbedingt früh genug online buchen | eat-the-world.com)* kombinieren Wissenswertes über das Holländische Viertel oder die Altstadt mit Einkehrschwenks bei örtlichen Gastronomen, um ungarische Paprikawurst und russischen Kaffee zu probieren. Die sowjetische Geschichte der Stadt hat *Berlins Taiga (ab 10 Euro | Termine und Tickets online |*

INSIDER-TIPP
Schauen & schmecken

GUT ZU WISSEN

berlinstaiga.de) im Fokus. Regelmäßig geht es durch das einst abgeriegelte Militärstädtchen Nr. 7 oder auf Suche nach Ostspuren durch den Park Babelsberg.

Wem das alles zu aufwendig ist, kann in bewährter Weise Potsdam per Busrundfahrt erkunden. Durch die Stadt in 15 Stops nach dem Hop-on-Hop-off-Prinzip gondelt die *City Tour* (17 Euro | *potsdam-city-tour.de*). Günstiger wird es, wenn man die oben schon angepriesenen touristischen Linien der städtischen Verkehrsbetriebe nutzt.

NOTFÄLLE

NOTRUFE
Polizei (Tel. 1 10)
Feuerwehr und Notarzt (Tel. 1 12)

Ärztlicher Bereitschaftsdienst (11 61 17)
Telefonseelsorge (0800 1 11 01 11)
Jugendnotdienst (0331 29 18 89)
Tierklinik (0331 973034)

WICHTIGE HINWEISE

RADELN IM SCHLOSSPARK
Obacht ist beim Radeln durch die schönen Schlossparks angesagt. Die Stiftung Preußische Schlösser und Gärten Berlin-Brandenburg nimmt es mit dem Schutz des Unesco-Weltkulturerbes nämlich genau. Sowohl das Fahren als auch das Schieben, kurz: die Existenz von Rädern ist nur auf explizit ausgewiesenen Radstrecken erlaubt.

WETTER IN POTSDAM

Hauptsaison
Nebensaison

	JAN.	FEB.	MÄRZ	APRIL	MAI	JUNI	JULI	AUG.	SEPT.	OKT.	NOV.	DEZ.
Tagestemperaturen	2°	4°	8°	13°	19°	22°	23°	22°	19°	13°	6°	3°
Nachttemperaturen	-3°	-3°	0°	3°	8°	10°	13°	12°	9°	5°	1°	-2°
Sonnenschein Stunden/Tag	2	2	5	6	8	8	8	7	6	4	2	1
Niederschlag Tage/Monat	10	9	8	9	8	9	10	9	8	8	9	9

POTSDAM FEELING
ZUM EINSTIMMEN & AUSKLINGEN

LESESTOFF & FILMFUTTER

📖 DUNKLE HAVEL/KALTE HAVEL/TIEFE HAVEL/STILLE HAVEL
Ob toter Frachtschiffkapitän oder Mord in der Potsdamer Innenstadt – Hauptkommissar Toni Sanftleben findet die Täter. Von Tim Piepers Regionalkrimis erschienen bislang vier Bände (2015, 2016, 2018, 2019).

📖 WANDERUNGEN DURCH DIE MARK BRANDENBURG
Was Theodor Fontane über Potsdam, Brandenburger Land und Havel zu berichten wusste, in fünf Bänden (1862–1889).

🎥 METROPOLIS
So stellte man sich 1927 die Zukunft vor. Die Große Halle, für den Filmklassiker von Fritz Lang erbaut, ist heute noch in Babelsberg in Betrieb.

🎥 BRIDGE OF SPIES – DER UNTERHÄNDLER
Ein Kunstmaler aus Brooklyn, der für den sowjetischen Geheimdienst spioniert, fliegt auf und wird Teil eines Agentenaustauschs an der Potsdamer Brücke der Spione: Für den Dreh von Steven Spielbergs Spionagethriller wurde die Glienicker Brücke eine Woche gesperrt. (2015)

PLAYLIST QUERBEET

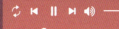

0:58

MARLENE DIETRICH – ICH BIN VON KOPF BIS FUSS AUF LIEBE EINGESTELLT
Musikalischer Karrierestart der Dietrich bei der UFA in „Der Blaue Engel" (1930).

▶ **RAINALD GREBE** – BRANDEN-BURG
Es ist nicht alles Chanel, es ist meistens Schlecker: moderner Klassiker der Öde-Landschafts-Beschreibung (2005).

▶ **SEVERIJA JANUŠAUSKAITĖ** – ZU ASCHE, ZU STAUB
Exzentrischer Titeltrack zur Fernsehserie „Babylon Berlin", made in Babelsberg (2016/2019).

▶ **REGINE DOBBERSCHÜTZ** – SOLO SUNNY
Jazzsängerin Regine Dobberschütz sing-synchronisiert im Spielfilm über die DDR-Kulturszene die inzwischen verstorbene Hauptdarstellerin Renate Krößner als Sunny (1980).

Den Soundtrack zum Urlaub gibt's auf **Spotify** unter **MARCO POLO Brandenburg**

Oder Code mit Spotify-App scannen

AB INS NETZ

MUSEUM BARBERINI
So geht Museumsbesuch modern! Die kostenlose App des Kunstmuseums leitet geschickt durch den Bau und spielt dabei Wissenswertes auf die Ohren. Eintrittskarten kaufen, ohne anzustehen, geht auch.

THE-KAISERS.DE
Patricia und Stefan Kaiser sind Potsdamer Power-Paar und Lifestyle-Blogger. In ihrem Gemeinschaftsblog kombinieren sie Alltagseinblicke mit Suppenrezepten (Zutaten natürlich regional) mit Ausflügen in die Region.

KRAFTFUTTERMISCHWERK.DE
Alle hippen Internetmenschen leben in Berlin? Stimmt einfach nicht. Das Blog sendet seit 15 Jahren aus Potsdam in die Republik. Die Themen von Ronny Kraak? „Liebe. Freiheit. Alles. Und Musik!"

INSTAGRAM.COM/POTSDAM AGRAM
Ungewöhnliche Perspektiven treffen auf Instagram-Filter: Fotograf Steven Ritzer weiß, was er da macht, nämlich große Lust auf seine Stadt. Impressionen einer tollen Stadt.

TRAVEL PURSUIT
DAS MARCO POLO URLAUBSQUIZ

Weißt du, wie Potsdam tickt? Teste hier dein Wissen über die kleinen Geheimnisse und Eigenheiten von Stadt und Leuten. Die Lösungen findest du in der Fußzeile. Und ganz ausführlich auf den S. 22–27.

❶ **Was bedeutet Belvedere?**
a) Süßer Glockenklang
b) Schöne Aussicht
c) Heiteres Beisammensein

❷ **Wofür machte sich Günther Jauch in seiner Wahlheimat Potsdam stark?**
a) Telefonjoker beim mündlichen Abi
b) Ehrenbürgerschaft für Thomas Gottschalk
c) Wiederaufbau des Stadtschlosses

❸ **Wo verbringen Potsdamer ihre Freizeit?**
a) Freundschaftsinsel
b) Kumpelgasse
c) Gefährtenpark

❹ **Was ist die Potsdamer Stange?**
a) Historisches Längenmaß
b) Mittelalterliches Folterinstrument
c) Traditionelle Biersorte

❺ **Wer war Peter Joseph Lenné?**
a) Papst des Personennahverkehrs
b) Godfather of Gartenarchitektur
c) König des Kanalbaus

❻ **Welchen Beinamen trägt Friedrich II.?**
a) Der Alte
b) Der Schicke
c) Der Friedliebende

Lösungen: 1b, 2c, 3a, 4c, 5b, 6a

Friedrich II. wacht über seine Stadt

REGISTER & IMPRESSUM

REGISTER

Alexander-Newski-Gedächtniskirche 54, 109
Alter Markt 18, 22, 26, **32**, 110, 115, 123, 124
Alter Stadtkanal **36**, 115
Altes Rathaus 35
Babelsberg 23, **56**, 101, 120
Belvedere (Klausberg) 26, **48**
Belvedere (Mühlenberg) 26, **44**, 108
Belvedere (Pfingstberg) 22, 26, **53**, 72
Berliner Vorstadt 54
Bildergalerie 43
Bildungsforum 68, **115**
Biosphäre Potsdam 54
Botanischer Garten 47
Brandenburger Landtag 17, 22, **32**, 69, 110
Brandenburger Straße 76, 80, 101
Brandenburger Tor 17, 27, **39**, 75, 110
Brandenburger Vorstadt 45
Caputh **63**, 119
Chinesisches Teehaus 26, **44**
Dampfmaschinenhaus Park Babelsberg **58**, 112
Dampfmaschinenhaus „Moschee" **38**, 114
Dino-Dschungel 60
Einsteinhaus **63**, 119
Einsteinturm 59
Fabrik Potsdam 41, **94**
Filmmuseum 20, 24, **36**, 75
Filmpark Babelsberg 16, 20, 21, 23, **56**, 100, 126, 127
Flatowturm 26, **57**
Forsthaus Templin 93
Freundschaftsinsel 25, **41**, 116, 128
Friedenskirche 44
Garnisonkirche 17, 26, **37**, 114, 131
Gedenk- und Begegnungsstätte Leistikowstraße **53**, 111

Gedenkstätte Lindenstraße **39**, 124
Glienicker Brücke 17, 19, **55**, 112, 126
Griebnitzsee 120, 122
Großer Ravensberg 21
Hans-Otto-Theater 20, 41, 44, **94**, 117, 123, 124
Heilandskirche Sacrow 22, **60**
Heiliger See 25, 73, 112, 131
Historische Mühle **48**, 123
Holländisches Viertel 16, 18, 21, 26, **40**, 68, 100, 101, 103, 109
Jägertor 17
Jan-Bouman-Haus **40**, 110
Japanischer Bonsaigarten 118
Kaiserbahnhof 22, **46**
Kammerakademie Potsdam 44
Kaserne der Garde-Ulanen 108
Kleiner Ravensberg 21
Krongut Bornstedt 49, 80
Kunst- und Kulturquartier Schiffbauergasse 20, **40**, 90, 93, 101, 117
Landtag Brandenburg 17, 22, **32**, 69, 110, 115, 128
Lindenhof 80
Luisenforum 80
Marmorpalais 18, **51**, 112, 121
Marstall 37
Mercure Hotel 26, 32, **35**, 103
Museum Barberini (Palais) 21, 22, 27, 32, **34**, 115, 116, 127
Museum Fluxus + 41
Nagelkreuzkapelle 115
Naturkundemuseum **38**, 124
Nauener Tor 17, 109
Neuer Garten 22, 25, 26, **50**, 72, 112, 123, 131
Neuer Markt 18, **36**, 101, 115
Neues Palais 41, **47**, 123
Neustädter Havelbucht 114

Nikolaikirche 22, 26, 32, **35**, 110
Nikolaisaal 93
Normannischer Turm 26
Obelisk 26, **35**
Orangerieschloss 48
Palais Barberini 21, 22, 27, 32, **34**, 115, 116, 127
Park Babelsberg 22, 25, 26, **57**, 112, 122, 123, 125, 131
Park Glienicke 122
Park Sanssouci 22, 25, 26, **41**, 72, 95, 100, 101, 110, 131
Pfaueninsel 61
Potsdam Museum 35
Rastwaage 115
Römische Bäder 44
Ruinenberg 17, 26, **50**
Russische Kolonie Alexandrowka 22, 26, **54**, 101, 108, 121
Sacrower Halbinsel 22, 60, 122
Schiffbauergasse 20, **40**, 90, 93, 101, 117
Schloss Babelsberg 22, 23, **57**, 113
Schloss Caputh **63**, 119
Schloss Cecilienhof 18, 19, 26, **52**, 112, 121
Schloss Charlottenhof 22, **46**, 121
Schloss Sacrow 22
Schloss Sanssouci 16, 18, 21, 22, 41, **42**, 110, 121
Schlossgarten Charlottenburg 123
Schlosspark Babelsberg 56, 99
Schlosstheater 94
Schwielowsee **63**, 118
Seebad Caputh 63
St. Nikolai 22, 26, **35**, 110
Stadtschloss 17, 22, 26, **32**, 69, 110, 115, 128
Steinstücken 59
Telegrafenberg 59
Templiner See 98, 118
Tiefer See 102
Universität Potsdam und Hasso-Plattner-Institut 59
Urania-Planetarium 40

REGISTER & IMPRESSUM

Villa Schöningen 55
Volkspark Potsdam 25, **53**, 98, 102
Waschhaus 20, 25, 41, **93**
Weberplatz 101
Werder **62**, 100
Wissenschaftspark Albert Einstein **59**

LOB ODER KRITIK? WIR FREUEN UNS AUF DEINE NACHRICHT!

Trotz gründlicher Recherche schleichen sich manchmal Fehler ein. Wir hoffen, du hast Verständnis, dass der Verlag dafür keine Haftung übernehmen kann.

**MARCO POLO Redaktion • MAIRDUMONT • Postfach 31 51
73751 Ostfildern • info@marcopolo.de**

Impressum
Titelbild: Fortunaportal am Stadtschloss mit der St. Nikolaikirche in Potsdam (Schapowalow: R. Schmid)
Fotos: Brille und Bauch, Agentur für Kommunikation KG (98/99); dpa: R. Hirschberger (115); Fotostudio Böttcher (40); R. Freyer (61, 83); huber-images: R. Schmid (4, 27, 28/29, 73, 104/105, 126/127); iStock: L. Andronov (11); Laif: Büssemeier (13), Kirchner (10), P. Rigaud (70); Laif/Zenit: Langrock (95); J. Leopold (37); Look: Böttcher (24, 100/101); mauritius images: Bahnmüller (76/77), W. Dieterich (14/15); mauritius images/age: C. Koserowsky (62/63); mauritius images/Alamy: P. Ptschelinzewe (69); mauritius images/United Archives/INSADCO: Plöb (16/17); picture alliance/dpa-Zentralbild/ZB: S. Stache (74); picture alliance/POP-EYE: B. Kriemann (92); picture-alliance/dpa: B. Settnik (81); J. Scheibner (19); Shutterstock/Dar1930 (64/65); Shutterstock/nitpicker (128); Shutterstock/Sina Ettmer Photography (119); Stiftung Preußische Schlösser und Gärten Berlin-Brandenburg: M. Weigt (Klappe außen, 52); Stiftung Preußische Schlösser und Gärten Berlin-Brandenburg/Laif: Kirchner (42/43); M. Weigt (2/3, 8/9, 12, 23, 34, 39, 46, 49, 55, 56, 84, 86/87, 91, 96/97, 102/103, 112, 120/121); J. Wiedemeier (130)

13. Auflage 2021, komplett neu erstellt
© MAIRDUMONT GmbH & Co. KG, Ostfildern
Autorin: Juliane Wiedemeier
Redaktion: Nadia Al Kureischi
Bildredaktion: Stefanie Wiese
Kartografie: © MAIRDUMONT, Ostfildern (S. 106–107, 109, 113, 116, 118, Umschlag außen, Faltkarte); © Stadtwerke Potsdam (S. 132, Umschlag innen); © MAIRDUMONT, Ostfildern, unter Verwendung von Kartendaten von OpenStreetMap, Lizenz CC-BY-SA 2.0 (S. 30–31, 33, 45, 50–51, 58, 66–67, 78–79, 88–89)
Als touristischer Verlag stellen wir bei den Karten nur den De-facto-Stand dar. Dieser kann von der völkerrechtlichen Lage abweichen und ist völlig wertungsfrei.
Gestaltung Cover, Umschlag und Faltkartencover: bilekjaeger_Kreativagentur mit Zukunftswerkstatt, Stuttgart; Gestaltung Innenlayout: Langenstein Communication GmbH, Ludwigsburg
Konzept Coverlines: Jutta Metzler, bessere-texte.de

Printed in Poland

MARCO POLO AUTORIN
JULIANE WIEDEMEIER
Juliane Wiedemeier hat von Preußens Königen gelernt: Leben in Berlin und Erholen in Potsdam ist eine gute Kombination. Durch welchen der Parks die freie Autorin am liebsten lustwandelt, ist nicht final entschieden (okay, doch: Babelsberg). Zudem schätzt sie die Mischung aus pompöser Architektur und großer Gelassenheit in deren Gegenwart, die die Potsdamer auszeichnet. Und die Backwaren, die sind phänomenal.

BLOSS NICHT!

FETTNÄPFCHEN UND REINFÄLLE VERMEIDEN

„GARNISONSKIRCHE" SAGEN

Beim Sprechen rutscht das „s" oft dazwischen. Ist aber falsch; Garnisonkirche heißt das Ding. Friedrich Wilhelm I. ließ den Bau ab 1730 schließlich für seine Garnison errichten, und die braucht kein Genitiv-s.

FILIGRANES SCHUHWERK TRAGEN

So viele Schlösser! Das verlangt nach modischem Schick. Doch wer auf hohen Hacken oder in Lackschuhen loszieht, wird angesichts von Anhöhen und Kopfsteinpflaster nur mit Blasen belohnt.

AUF PROMINENTEN-JAGD GEHEN

Schon Friedrich II. wollte, dass in Potsdam jeder nach seiner Fasson selig werden dürfe. Dieses Anrecht auf Ruhe gilt auch für prominente Anwohner und Stars, die für einen Filmdreh in der Stadt sind. Mit der Handykamera auf Paparazzo zu machen ist uncool. Wer freundlich fragt, bekommt sicher ein Autogramm.

ROYALEN RASEN BETRETEN

Potsdams Grünflächen sind Weltkulturerbe und verlangen Respekt. Daher gilt in den Parks von Sanssouci, Babelsberg und dem Neuen Garten: auf keinen Fall die Wege verlassen! Ans Grillen oder an Drohnenflüge ist gar nicht zu denken.

PRÜDE SEIN

Nackte im Neuen Garten? Freikörperkultur war in der DDR Tradition und will gepflegt werden. Daher duldet die Stiftung Preußische Schlösser und Gärten diesen Kult an der Badestelle am Heiligen See. Bekleidete sind auch willkommen!